PSYCHOLOGICAL MANIPULATION

LEADING TEAM

不懂心理操控，
你怎么带团队

杨祖如◎著

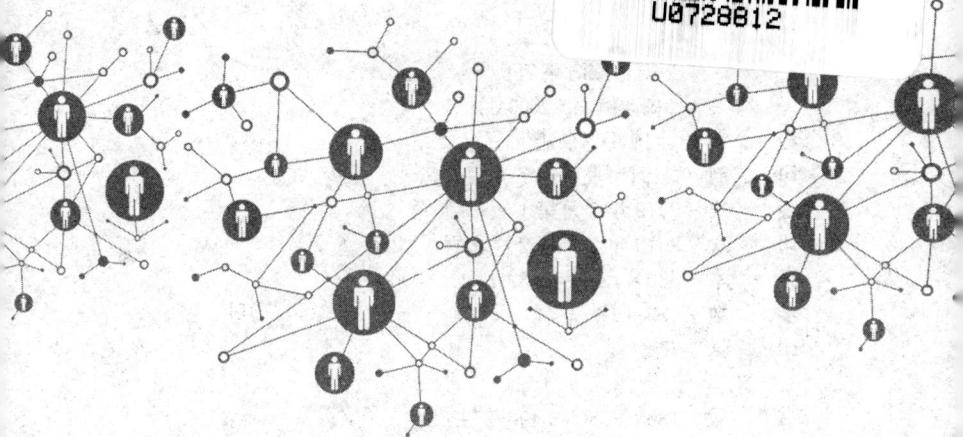

文汇出版社

图书在版编目 (CIP) 数据

不懂心理操控，你怎么带团队 / 杨祖如著 . — 上海：
文汇出版社 , 2019.3
ISBN 978-7-5496-2792-9

Ⅰ . ①不… Ⅱ . ①杨… Ⅲ . ①销售－商业心理学－通
俗读物 Ⅳ . ① F713.55-49

中国版本图书馆 CIP 数据核字 (2019) 第 022812 号

不懂心理操控，你怎么带团队

著　者 / 杨祖如
责任编辑 / 戴　铮
装帧设计 / 天之赋设计室

出版发行 / 文匯出版社
　　　　　 上海市威海路 755 号
　　　　　 （邮政编码：200041）
经　销 / 全国新华书店
印　制 / 三河市龙林印务有限公司
版　次 / 2019 年 3 月第 1 版
印　次 / 2019 年 9 月第 2 次印刷
开　本 / 880×1230　1/32
字　数 / 129 千字
印　张 / 7

书　号 / ISBN 978-7-5496-2792-9
定　价 / 36.00 元

前　言

当下属以跳槽为由提出加薪时该怎么办？

怎样花最小的心思，让他人对自己言听计从？

为什么说恰当的沉默是最高级的沟通？

为什么让他人觉得自己重要，才真的重要？

身在职场，面对这样的问题，你会给出什么样的答案？

其实，在职场中遇到各种难题，并不是因为你没有能力，也不是因为你缺乏努力，而是因为你没有搞明白上司、下属的内心想法，不能做到知己知彼。

那些看似风平浪静的每一天，虽然没有刀光剑影，其实都暗藏竞争，全是心理方寸之间的较量。所以，如果能够掌握一些心理沟通的技巧，就会给管理者带来事半功倍的效果。

所谓心理操纵，实则是指一方使用一些技巧让对方产生信赖感，从而增加个人魅力。这就要求操纵者掌握一定的心理知识，参透他人的所思、所想、所感，进而从心理层面影响他人，达到自己的目的。

说到底，带团队的核心是带人，这考验的是管理者的能力。

马云说："一个人辞职有很多原因，其中最重要的两点，一是钱给得不够，员工觉得自己的付出与收入不成正比；二是觉得跟着你混没有前途。"

可见，带好团队十分重要。

很多管理者都在抱怨员工跳槽太频繁、难以管理，即使是在大企业，一些员工也是说走就走，一点都不含糊。

为什么会出现这种情况，是因为待遇不够好吗？别开玩笑了，主要原因是你不懂得带团队，让员工失望了。

本书以通俗易懂的语言讲述职场中的各种心理学现象，结合大量的真实职场案例，揭露诸多职场现象背后的心理操纵术，读者能在轻松的阅读中掌握职场制胜的终极法宝。

当然，所有的理论都要运用到实践当中去，经过长时间的磨合，最终形成自己的一套职场生存法则。

根据期待效应的描述，在职场中，如果你希望自己成为一个优秀的人，那么你就很可能成为一个优秀的人。当你希望做一个自信的人，并且时常给自己这方面的暗示，那么你就可能会变得更加自信。

多给自己一些美好的期待吧，坚定地告诉自己：我要成为更好的自己！

目 录
Contents

下篇 世界顶级的社交思维课

第九课　有效心理学：步入职场社交的捷径

上 篇

风靡世界的心理操纵课

第一课
故事思维：想要带好团队，必须会讲故事

　　人与人之间建立信任就像织毛衣，需要一针一线慢慢地织，其中的辛苦与乐趣，只有编织的人才能体会。人们从来不相信口说无凭的事情，他们只相信眼睛看到的。

◇ 我是谁

每个人都面临"介绍自己"的问题，当你出现在对方的视线内时，他首先想到的问题就是："你是谁？"

这时，如果你能做一段精彩的自我介绍，或幽默，或别具一格，那一定会给对方留下深刻的印象。

有一次公司组织拓展活动，教练让随机组队的 10 名同事做自我介绍，并记住彼此的名字，然后会随机抽出一个人进行考核。

每个同事都是按部就班地自我介绍："我是某某某，来自某部门。"只不过，不出 5 分钟，大家就把这些信息抛到九霄云外，依然对彼此没有深刻的印象，不得不重新介绍。

一次不能打动别人的自我介绍，就是失败的自我介绍。

在职场中，很多人都会犯这样的错误。初次来到一个团队，做生硬的自我介绍，只会让大家觉得你毫无存在感，起不到任何拉近关系的作用。

如果你想跟大家展示幽默感，讲一个笑话比单纯地说"我是一个幽默的人"更有效果。

我曾经受某银行邀请听过一次讲座，国内一位著名的财经作家讲述她通过理财实现财务自由的故事。她利用生动的语言给大家讲了一个故事，成功地传递了自己是谁、来这里做什么等问题。

讲座刚开始，作家抛出了一个很吸引人的话题："我有一个通往发财的捷径，你们想不想知道？"

刚刚还嗡嗡吵闹的会场，突然安静了下来，谁跟发财有仇呢？先不说她是不是在吹牛，单是能够自信地"吹出这样的牛皮"，就如同给人打了一针鸡血。在座的几百人立马正襟危坐，支棱起耳朵不想放过任何细节。

作家无视大家态度的转变，拿出一张纸，笑着问："这是一张普通的纸，厚度约 0.1 毫米，把它对折 64 次后大约有多厚？"

大家面面相觑，能有多厚啊，普通的一张纸而已。有个人从包里掏出一张面巾纸，尝试着对折了几次，最后质疑道："一张纸根本不可能对折那么多次！"

这时有人大喊了一句："我见过这个报道，无限地折叠后，纸的厚度会超越太阳系的范围！"

这时，作家竖起了大拇指，说这张不起眼的纸被无限地折叠后的厚度能达到上亿光年，远超出太阳系两端的范围。然后，她引出了"复利"的概念，即一笔资金除本金产生利息外，在下一个计息周期内，以前各计息周期内产生的利息也计算利息的计息方法。

这也就是说，永远别小看一个小动作，它能够引发意想不到的复利效果，绝不亚于蝴蝶效应。

在成功的道路上，哪怕是有着很小的力量，只要持之以恒，就会有巨大的收获。

"换句话说，如果你每天为自己的梦想投入1%的努力，那么，一年后你就向梦想前进了37步。"那位作家说她并不是一个天资聪慧的人，努力了10年才小有成就，这期间她遭遇过无数次的打击。起初，跟她一起写作的盟友一个个都打了退堂鼓，而她就像那只聋青蛙，不管别人说什么她都充耳不闻，坚信梦想就在前方。

"不积跬步，无以至千里；不积小流，无以成江海。"不管是做人还是理财，最重要的是坚持从小事做起，一点点实现量变到质变的飞跃。

最后，那位作家说了她的发财之道——定投，不管市场如何变化，坚持自己所买的。"但是，并不是所有买了定投基金的人都能够发财，只有那些'失忆'的人，最终才会有意外的收获。"她又跟大家开了一个玩笑。

会场中有人长舒了一口气，也有人轻轻地叹息："这'失忆的定投'与人生不是一个道理吗？"

很多时候，并不是梦想遥不可及，而是我们不愿意为梦想做一些微不足道的改变。我们总以为人生要轰轰烈烈，好男儿志在四方，却不知道一屋不扫何以扫天下的道理。

那位作家的商业演讲是成功的，她通过一个个故事引发了人们的思考，把"定投"这个概念类比成通往梦想的道路——只要脚踏实地、忠于职守，梦想之路就会越走越宽。

同时，那位作家也表明，她并不是为商业活动站台的说客，只是来跟大家分享一些理财方法和人生道理，如此而已。最后，她说道："我是人们迷茫人生中的一盏灯，只负责照亮前行的路，不负责指引方向。"

这种接地气的演讲自然能得到听众的认可，听众在不知不觉中插上想象的翅膀，飞到了演讲者为他们虚构的世界里——在那里，他们十年如一日地坚持日拱一卒，最终走上了人生巅峰。

那位作家很好地把握住了演讲的节奏，没有劝说、没有激情澎湃的利益诱惑，只是通过自己亲身经历的故事，给予人们真实的感受，让演讲充满了力量。

当你身处一个新环境时，要通过讲自己的故事让大家知道"我是谁"，用实际行动告诉别人你是一个坦诚的人，从而降低对方的防备心理。

当然，如果你本人没有那么多故事，也要说一些从书上看到的或者别人的故事，这样也能够帮助他人了解你是谁。

举个例子，假如你想向别人展示你是一个有爱心的人，那你就要讲几个献爱心的故事。比如，国外的特蕾莎女士、国内的雷锋同志，或者介绍身边有一些朋友经常做公益活动，为贫困人群捐款捐物、到灾区赈灾等。这样一来，别人也能从中发现你是一个乐于助人、有爱心的人，在日常的交往中自然也愿意与你交朋友，配合你的工作。

当然，一些管理者还会通过欲扬先抑的故事，展示自己过去的失败和不足，拉近与员工之间的距离，来获取他们的信任。

例如，年终总结大会上，管理者会说："虽然我做事雷厉风行，但是不够细心，以后会在这方面多加注意。希望同事们也自己检讨并改正，大家一起进步。

"我也跟大家一样，一步步从普通职员走到了管理岗位，以后我不仅自己要做得更好，还要想方设法帮助团队成员一起做好，加强团队意识！"

这就叫作对自我的充分认识，即肯定自己的成绩，通过自己的不足来表明态度，给领导和员工吃一颗"定心丸"。

不少管理者通过这种自我剖析，让团队对自己有了更进一步的认识，同时也间接地向他们表态：请你们"相信我"。

◇ 相信我

在职场中，相信大多数人都遇到过这样的情况：你有一个非常好的想法，可是团队成员并不买账。即使你想干出一点成绩，却因为缺乏群众基础，最后也只能不了了之。

要解决这个问题，除了跟领导要"权力"之外，还要提高自己的影响力。而对于前者来说，即便领导给了你一定的权力，可是"权力架空"的情况也时有发生，这时候的个人魅力或者说影响力就显得非常重要。

所谓影响力，是用一种为别人所乐于接受的方式，来改变他们的思想和行动的能力。想要在工作中影响别人，首要条件就是让对方"相信你"。

人与人之间建立信任就像织毛衣，需要一针一线慢慢地织，其中的辛苦与乐趣只有编织的人才能体会。人们从来不相信口说无凭的事情，他们只相信眼睛看到的。所以，如果想要让别人相信你，那么，"做"比"说"更重要。

一次培训课上，老师在台上问学员是否会按照他要求的去做，学员们异口同声地答应了。接着，老师描述了一些动作，他举右手，学员也举右手；他摸鼻子，学员也摸鼻子……做了5个动作之后，老师忽然说"手放在额头上"，实际上手却去摸后脑勺了，这时候，大部分学员不约而同地跟着摸后脑勺。

这些学员没有按照老师说的去做，而是看到老师的动作后机械地模仿。最后，老师总结说："在日常工作中，做什么比说什么更重要，如果想取得别人的信任，不要试图浪费口舌，而应做一些让别人能够信任你的事情。"

某房地产公司老板赵伟，在业界有一定的地位。从某种意义上来说，他是公司员工的衣食父母，可是，很多时候他却得不到员工的信任，甚至有时还会被下属掉转枪头"攻击"。

可见，信任并不是建立在金钱上的，聪明的管理者都明白通过讲故事来操纵下属的心理，让他们与自己保持同一节奏。

于是，赵伟也通过讲故事的形式，向员工们表明了态度："别看现在我是你们的老板，好像很神气的样子，可我在成功之前也跟你们一样，给别人打过工。我之所以能走到今天，除了运气，更与我个人的努力是分不开的。如果你们更努力一些，完全能取得我的成就，甚至超越我。"

员工听后，觉得老板也挺不容易的，而且在他身上仿佛看到了明天的自己，于是他们重新燃起了工作的热情。

很多公司都会通过打造愿景、灌输理念等给员工树立一个个目标，并通过日积月累的讲解和传达，让它们潜移默化地转变成员工的梦想，让公司和员工统一战线，为了梦想而努力奋斗。

埃克苏佩里说："如果你想造一艘船，你先要做的不是催促人们去收集木材，也不是忙着分配工作和发布命令，而是激起他们对浩瀚无垠的大海的向往。"

公司的梦想也就是老板的梦想，员工会通过观察老板的一举一动，从而编写自己的剧本，演绎自己的故事。

如果想要影响别人，首要前提是你需要得到别人的认可。如果赵伟通过权力或者金钱收买人心，短时间内或许能起到效果，却无法彻底改变现状，还会导致更严重的信任危机。

众所周知，好人从不四处标榜自己是好人，如果他逢人便说自己是"好人"，那人们一定会对他产生怀疑，甚至给他贴上"道貌岸然"的标签，以后再想增加信任值，就难上加难了。

在大多数情况下，你根本没有时间用实际行动证明自己是个"好人"，而通过讲故事的形式，把过去所做的好事一一讲述出来是最好的方法。

在这个过程中，如果你的故事不能够打动对方，即便你说无数次自己是好人也不能改变现状。如果你的故事打动了对方，那你不需要华丽的辞藻，而是通过简单的阐述就能让对方总结出一个结果——好人与坏人，他们心里有数。

◇ 向美好的愿望看齐

当你成功地通过讲故事把自己推销出去，并建立了信任和影响力后，接下来听众最想听到的就是你能给他们带来什么收益——这就考验你有没有能力为大家描述一个"美好愿景"。

管理者希望通过激情澎湃的演讲，让员工知道公司会给他们带来哪些好处，不管是物质上的还是精神上的。然而，大多数管理者一张嘴就变成了干巴巴的口号："你只要好好干，我不会亏待你的。"就好像别人问你午餐好不好吃，你随口说了一句"还可以"一样苍白无力，根本没法激起共鸣。

季度总结大会上，老板说下一个季度的目标是做出 3000 万元的销售额，并且详细地进行了任务分配，告诉大家一旦完成业绩，本年度的销售体量就会大幅度增加，公司规模也会上一个台阶，在业内的影响力、品牌的知名度、美誉度都会有一定程度上的提升……

老板滔滔不绝地说了半天，他以为自己能感动天、感动地，然而员工们并不买账，所以最后他只是感动了自己。因为他在台上描绘梦想时，员工在台下想：如果实现了这个目标数额，我能从中得到什么？

对，这就是现实。

作为老板，当你得知员工有这样的想法后，千万不能因此而愤怒，认为员工目光短浅没有大局观念，因为这一切都太正常了。

当老板高谈阔论公司未来的产值、发展空间的时候，员工们默认为那只是老板的想法——因为公司是老板的，而自己只是一个拿工资的打工仔。

这时候，你必须让员工跟你的梦想保持一致，或者说让他们与你拥有同样的梦想。

陈综是一家创业公司的老板，他像包装公司品牌一样包装自己，打造出特别的理念系统、行为系统和视觉系统。他的一举一动、一言一行都是被画了框的，员工不许越界。

陈综曾经在员工面前做过深刻的自我剖析，他很了解自己，知道自己不是一个聪明人，甚至还有点笨，这点特别像晚清时的曾国藩。所以，当身边的商人朋友都在钻研胡雪岩的时候，他却学起了曾国藩，一门心思地下笨功夫。

陈综不会故意藏拙，甚至当众提出让大家帮助他提高自己，一下子赢得了员工的信任。大家觉得老板的毅力很强，渐渐地相信他也会像曾国藩那样，通过不懈的努力实现人生的目标，兑现他的诺言。

陈综仔细研究过曾国藩，做人做事都向他看齐，并号召员工多学习曾国藩的精神；还买了跟曾国藩相关的书籍赠送给大家阅读，通过学习和分享来激发团队的精气神。

曾经读过这样一个故事：在人烟稀少的高海拔地区，有一个小女孩每天背着弟弟走几十公里路去上学——因为家长忙于劳作，她必须一边读书，一边照顾弟弟。

有一天，一个来自平原的游客在旅途中遇见了小女孩，就问她："背弟弟上学是不是很累？你是怎么坚持下来的？"

游客是一个高大健壮的男子，他身上背着一个三四十斤重的背包，吃力地与小女孩并肩前行，手上还挂着一根爬山用的拐杖。小女孩的弟弟年纪虽小，但是体重也不会比他的背包轻。

小女孩看了看那男子，眨着眼睛说："你背的是一个背包，而我背的是我弟弟。"

女孩的意思是："你身上背的是负担，而我背的是血浓于水的亲情。"

很多企业也是这样，老板大谈特谈的梦想，对于一些员工来说只是不堪重负的包袱。这就像《三个建筑工人》的故事一样，当有人问他们在做什么时，一个人说"我在搬砖啊"，另一个人说"我在砌一堵墙"，而第三个人欢快地说"我在盖一座教堂"。

作为管理者，倘若你想尽可能多地影响他人，就要把自己的愿景与员工的梦想结合在一起，让他们把工作当成一件很有意义的事情。

部门经理赵城经常对团队的成员说："一个人之所以来上班，是带着全家的希望来的，因为要养活一家人，同时也要在工作中追求自己的梦想。虽然工作中有诸多不顺心，可是一想到背后所附带的意义，心底肃然起敬。如果你觉得上班没事干，那就想想每个月要还的贷款、老婆要用的化妆品、长辈要吃的保健品、孩子要喝的奶粉，都得你来买。"

只有把每一个实际行动都与员工的利益结合起来，才能让他们产生共鸣，引发深刻的思考，这样才能最大限度地影响他们。

钱财易得，但是，对未来的憧憬却不是人人都有的，只有对未来充满憧憬，这样的人生才过得更有价值。

◇ 我为何会出现在这里

当他人不理解你为何会出现在这里时，不要东拉西扯，少一点套路、多一份真诚，更容易让别人接受你。比如，你计划向他人兜售产品，就直接说出自己的目的。但凡你试图进行掩饰，对方就能嗅到"欺诈"的味道，立刻会与你划清界限。

再如，你是一位刚上任的管理人员，你试图让团队成员听从你的指挥，那就更要详细地阐述自己的想法了。因为每个人都有私心，一味地标榜自己大公无私或赤裸裸地展示自己曾经的辉煌，都是不可取的。

正确的做法是，用他人能够接受的方式，阐述自己的故事，表明自己"为何会出现在这里"。

欧阳明是一个目标感很强的人，他从不掩饰自己的野心。目前，他经营着 10 家连锁教育培训机构，他总是跟员工说："希望在今年能开到 15 家，后年开到 20 家。"

欧阳明以前是一名教师，没过几年就想辞职创业，但由于他没开过辅导机构，迟迟不敢迈出第一步。

直到有一年暑假，他把孩子送到一家教育机构上辅导班，跟教育顾问提出自己要旁听，参与孩子的每一次上课、自习、测试等。他坦言，自己是想了解教育机构的内部运营，找出培训机构与公立学校之间教学的差异性，以便做进一步的提高。

欧阳明的坦诚让教育机构破例了，同意让他跟孩子一起上课。半年多后，欧阳明终于摸清楚了里面的门道，给未来的创业之路做足了铺垫。

合作伙伴听说了欧阳明的故事，知道他是一个有上进心的人，所以在他提出自己的想法后，总能得到大家的认可。

因为大家很了解他，知道他是一个什么样的人，对他的想法也有客观的认识。

毫无疑问，欧阳明一开始给孩子报辅导班就是为自己谋取方便，只不过他的这种方式能被对方接受，就是他的坦诚为自己赢得了对方的信任。

永远不要以为下属的智商和能力都远低于你，他们也足够聪明，能洞察你的所作所为是否真的是为他们好。

单纯地说"我都是为你好"，只会显得你很虚伪，这并不足以打动你想影响的人。这就像父母对孩子说"我都是为你好"，只会加重他们的叛逆心理——越是不让干，他们越要冒着风险去干。这都是人们的正常心理。

80后顾亚茹是一名团队经理，手底下都是一些90后的伙伴，她把他们当成弟弟妹妹，不止一次地告诉他们："我把你们当作自己的家人，每当我做什么决定都会先考虑做这件事会不会伤害你们。如果会，我就会放弃。"

但是，当顾亚茹把心里话说出口的时候，她听到有人对此不屑一顾，觉得她的演技太差了，认为她说到不一定能做到；哪怕她真的是为他们好，他们也不以为然。

毫无疑问，如果你真想帮助谁，但是对方约定俗成地认为职场就是利益场，你所有的"为你好"都只是无利不起早罢了。

在这种情况下，你不妨坦诚一些，说出想要帮助他们的目的——员工的业绩提高了、上级的任务也完成了，互相帮助，让 1+1 > 2，最终最大化大家的利益。

有时候，人们即使愿意相信你，可是外界环境瞬息万变，也会影响他们的判断。这时候，你就需要发挥讲故事的能力，帮助他们做出正确的判断。

比如，邻居家的孩子得了白血病，你发起一场公益活动，希望有更多的人为他捐款或者捐物。这时候，你就要讲一个无私奉献的故事。听完这个故事后，大家会从你的话语和眼神当中解读出你的善良、你的真诚，知道你出现在这里的真正目的，是想通过帮助别人实现精神上的升华。

◇ 我知道你们在想什么

锤子科技的创始人罗永浩说："为什么有这么多人喜欢看我们的发布会，关注度这么高？无非就是故事讲得好。"

罗永浩作为企业家和资深演讲家，他的每一场演讲总能吸引几千人的参与。别人都以为那是因为他的演讲技巧，其实更多的是因为他的专注——他能够读懂听众的心思，知道他们在想什么，从而投其所好，所以听众都喜欢他。

讲故事也一样，不在于炫耀花里胡哨的演讲技巧，而是把注意力放在听众身上，提前预知对方想要听什么、对什么感兴趣。

当你在发表言论的时候，有的人虽然没有表明他们的态度，但是这并不表示他们一定会赞同你的意见——从某种意义上来说，他们会比较容易放弃自己的反对意见。

当你开诚布公地做解说时，不仅考虑到自己的意图，同时还说出了对方的想法。他们会打心底里开心，觉得你是一个考虑周全又很公道的人——他们很欣赏你的做事风格，自然也就不会公然与你作对。

如果你做得足够好，听众能够了解到你的良苦用心——花心思考虑他们的感受，有时候他们给予你的反馈，会超出你的想象。

讲故事在工作中的应用就像人类发明了火种，既能用它改变人类的生活，又能摧毁人类所拥有的一切。这就看你怎么合理地去应用，从而实现有意义的目的。

故事的最大用途是降低人们的防备心理，活跃氛围。

区域总监张幂在公司全员业务培训大会开场之前，讲了一个自己的故事。

有一次，CEO 把张幂连夜从北京叫到上海，他舟车劳顿地来到 CEO 的办公室，心里忐忑不安。他们面对面坐了 5 分钟，CEO 淡淡地问："你最近有什么想法？"

张幂一头雾水，默默地摇了摇头。然后，CEO 就让他离开了，他又连夜赶回了北京。

后来，张幂听说是因为在一次培训会之后，他讲的话被一些不怀好意的员工加工后以讹传讹，变成了他要离职的风言风语。

这时，张幂按下切换键，他背后的大屏幕上出现几个大字：职业沟通，保守秘密。张幂的幽默描述引得大家哄堂大笑，脑中立刻浮现金庸小说中高手对决的场面，本来压抑的氛围立刻变得活跃起来。

这个幽默的故事既活跃了现场氛围，又能激发大家以空杯心态去迎接一场培训。

第二课
谈话术：有效沟通的力量

在日常交流中，不管下属的表现有多糟糕，领导都不要轻易全盘否定他们。他们现在仍不够强大，但是最起码他们曾经日日夜夜为了梦想而努力过。领导需要想方设法地对下属加以引导和教育，这样才能帮助他们更上一个台阶，为企业的发展添砖加瓦。

◇ 任何时候都别怼下属

在汇报工作时，领导一旦遇到嘴笨、逻辑思维混乱的下属，即便脾气再好，也难免会心烦意乱："你到底在说什么？""请你搞清楚了事情的状况再来汇报！"这些对下属全盘否定的话，不时会从领导的嘴巴里面蹦出来。

一旦领导发火，下属心里愈发紧张、失落，再也提不起精神继续汇报工作。即便再继续汇报也只能说些皮毛，没法进行深度沟通，这种局面对双方都是有害而无益的。

作为管理者，最不明智的做法就是对任何事情都太过较真，这样会全盘否定下属的努力。

一、如果下属汇报坏消息，请认真听完事情的来龙去脉。

人生不如意事十之八九，常在职场混，难免会听到一些不尽如人意的消息。一件糟糕的事情能够传到管理者的耳朵里，说明这件事在底层已经难以控制，所以管理者越早知道问题，对控制事态的发展越有利。

今年，杨毅主管的楼盘样板房装修所需要的软装采购出了一个大问题。他在跟供货商电话对接的过程中，对方有问有答，但是交货日期临近，对方才明确告诉他，有一部分货恐怕不能按期交付。

原来，对方采取的是在电话中报喜不报忧的策略。而杨毅因为工作上的事情太多，无暇抽出时间去现场验货，从而延误了整个工期。

杨毅思来想去也没能想到保证样板房如期交工的办法，他不得不把事情跟分管领导汇报。分管领导听后勃然大怒道："你还能不能干了？一点小事被你干成这样！"

分管领导是暴脾气，杨毅敲开他办公室门的时候，已经做好了最坏的打算，可还是没料到他会如此大发雷霆。

杨毅心里有些懊恼，心想：如果听其他同事的话，不把这个坏消息告诉他，大不了发展到最后大家一起承担后果。我只是一个小小的办事员，能受多重的处罚呢？

杨毅本来是寻求帮助的，他之所以把坏消息告诉领导，还不是希望领导能整合更多的资源来弥补这一损失。可是，领导发火显然只是在图自己一时之爽，一味地使用批评的语言打压杨毅，到最后甚至演变到侮辱他的人格。

杨毅再也没心思继续汇报，不管对方问什么，他都是随便应付，不做详细的解说，他已经做好了承担所有后果的准备。

试想一下，假如分管领导能够调换一下思路，压住自己的脾气，先给杨毅一个把问题讲述明白的机会，然后调用一切资源找到解决问题的办法，待窟窿被补住再去追究相关责任。那么，这不仅避免了一场重大事件的发生，还收买了下属的忠诚心。

杨毅之所以选择将坏消息上报，是因为他已经意识到自己工作上的失误，心里产生了强烈的愧疚感。如果这时候领导不批评他，反而给他一些安慰，这才是一个真正有同理心的领导。

所以，当下属向你汇报坏消息时，即便你内心火冒三丈，想将下属臭骂一顿，也一定要清醒地认识到让对方把话说完，你才能知道事情的来龙去脉，从而做出正确的判断。

而作为下属，也要牢牢记住飞索半导体公司首席执行官约翰·凯斯波特说的这句话："如果你有坏消息，那么你最好一开始就告诉我，快点说完。你最不想发生的事情，就是在你告诉我之前已经被我自己发现了。"

工作中出现错误不可怕，可怕的是掩盖错误，延误查缺补漏的好机会。把脾气发出去是本能，把脾气压下去是本事。生存带给人类最大的进步之一，是面对困难和危险时不再用本能对抗，而是去思考最有效的解决办法。

二、当下属的汇报不知所云，要心平气和地提醒下属说重点。

干得好不如说得好，能够跟领导头头是道地汇报工作，显然是一个重要的加分项。然而，很多人在滔滔不绝地表达完来龙去脉后，却让人不知所云。

马主任新官上任三把火，挨个找部门同事谈话。乐飞作为部门最资深的员工，他打算谈谈公司的待遇问题——物价涨了好多，他的工资都 3 年没涨过了，之前有很多员工都因此跳槽了。

只是，乐飞不是一个会说话的人，因为内心太过激动，说出的话语无伦次——从自己刚入职的情况说起，中间穿插了许多离职员工的故事，他还一直强调自己对公司的忠诚和爱。

马主任见乐飞激情昂扬，也多少明白这兴奋的背后肯定有让他不满的地方，所以耐心地听着他的讲述，中间暗示他"说话抓重点"，可他依然不得要领。

于是，马主任放弃拐弯抹角地进行暗示，直截了当地说："乐飞，你有什么要求直接说出来吧，我能帮一定帮；不能帮也会想办法把问题传达给上级领导，争取给你一个满意的答复。"

乐飞羞得面红耳赤，弱弱地道出了自己的心思："我已经 3 年没涨工资了……"

对于一个情商不高的员工来说，最大的优势是直接说出内心的需求，保持自己行为的透明度，这是在职场上制胜的重要法宝。

每个人的时间和精力都是有限的，当你想要描述一件事情的时候，不需要做过多的铺垫，最好在聊天开头的 5 分钟之内说清楚。管理者遇到不知所云的下属，不要对他们进行全盘否定，一个不善言辞的人极有可能是一个实干家。在谈话中心平气和地引导对方说重点，也体现了对他的包容。

擅长做汇报的人，一般都能熟练使用"5W2H 原则"。这是第二次世界大战时美国陆军兵器修理部首创的，简单、方便、易于理解。如今，它被广泛应用于企业管理当中，对于决策和执行性的活动方案制订非常有帮助，有利于全盘考虑问题。

Why——要做什么？为什么要这样做？原因是什么？

What——做什么？做这件事情要达到什么目的？需要做什么工作？

Where——在哪里做？从哪里开始入手比较好？

When——什么时候开始？什么时候提交？什么时候是最好的时机？

Who——谁来完成？谁来配合？谁来承担责任？

How——怎么做？具体的实施步骤是什么？怎样才能提高工作效率？

How much——做到什么程度？需要产生多少费用？质量如何？

作为管理者，不妨系统地对下属进行培训，让他们按照这一方法来做汇报，如此就能避免很多不必要的废话。

三、当下属的汇报文不对题，领导要通过总结性用语串联关键词，整理谈话内容。

如果在工作中不能与下属顺畅地交流，除了埋怨对方的不配合，同时也要检讨一下是不是自己的交流方式不对。比如，提问的方式不能很好地从零散的信息中提炼自己所需要的内容，做交流过程的主导者。

周三上午，张文到老板办公室送资料，却被临时抓住谈话，主要是围绕办公室的风气问题展开。老板问："最近办公室的风气怎么样？大家的状态如何？"

没有丝毫准备的张文一下子慌了，支支吾吾地说："我不知道，我不清楚，我说不出来……"

公然拒绝回答上司的问题，不管你有多么冠冕堂皇的理由都是不敬业的表现。好在老板并没有上纲上线，而是循循善诱地引导："这么一连串地拒绝了我，也就是说有一些问题你害怕跟我说，对不对？"

张文心跳加快，低着头说："不是。我感觉我们都挺好的，每天早早来到办公室，埋头干活，没人讲话……吃饭的时间吃饭、午休的时间午休，节奏踩得都很准；下班后值班的同事留守，其他同事有时候加班，有时候也能准点下班……"

老板问："让我们来确认一下，你的意思是大家都能按部就班地开展工作？"

张文说："是的，每个人都知道自己做什么，大多数情况下是这样的。不过，我也不是全部了解他们的工作内容，因为交流得不多。不过，前几天听说前台接到过一个投诉电话，说办公室里一屋子的人都在，却没人主动接电话。"

老板呵呵一笑，说："听了你的这些回答，我感觉行政中心的年轻人太死气沉沉了，对不对？"

张文默默地点了点头。

就这样，老板通过总结和把握谈话中的关键词，套出了公司的很多真实情况，这是他从老到的下属口中绝对听不到的信息，也给他的决策判断提供了非常重要的依据。

遇到答非所问的下属，老板确实苦不堪言。如果能在谈话过程中使用"也就是说"这类总结性的用语，对下属进行引导，他们就能够意识到交谈的本来目的，让谈话朝着既定的方向发展。

上下级做到有效沟通，领导才能获得下级的尊重，了解公司内部运营的真实情况。

在日常交流中，不管下属的表现有多糟糕，领导都不要轻易地全盘否定他们。他们现在仍不够强大，但是最起码他们曾经为了梦想而日日夜夜努力过。领导需要想方设法地对下属加以引导和教育，这样才能帮助他们更上一层楼，为公司的发展添砖加瓦。

◇ 重要的事情不是说三遍，而是说重点

在职场中，虽然每年、每月、每周、每日都有工作计划，但是依然会出现一些突发情况，这时，领导会要求大家放下手头的工作，全力以赴地去完成这件事。

这些计划外的事，不得不拜托别人帮忙。但是，并不是所有人都有空去帮忙，因为大家都在围绕既定的计划在工作，头上都顶着绩效考核的指标。

官大一级压死人！这时，哪怕是上级领导，也不能把工作强行压在员工身上，不能给大家带来压迫感。否则，下属会产生逆反心理，感觉领导是在故意整自己。

大清早，集团副总裁钱总就接到一个紧急电话，办公室主任说上午 10 点要签约的一项并购事宜少了一份材料，必须现在就去有关部门盖章。

钱总思来想去，打电话给住在公司附近的宋凯，跟他简单地说了事情的前因后果。在这个事件中，钱总在请宋凯帮忙的时候，清晰地传达出了以下几个关键点。

一、描述清楚事件的紧迫性，要求对方必须现在就去做。

一项任务的时间节点非常重要，如果只是布置任务，却不告知具体完成的时间，整件事情将会被无限期地拖延，完成的效果也会大打折扣。

钱总给宋凯定的时间是 9 点半之前赶回公司，并反复强调："这是上午 10 点签约必须使用的一份资料，你现在就去公司取；8 点之前赶到相关部门，等他们 8 点半开门之后立即盖章；加上早高峰堵车的时间，务必确保在 9 点半之前赶到公司。"

二、这件事情必须由你去做，其他人都不行，能增强员工的荣誉感。

当紧急任务出现时，如果领导像皇帝翻牌似的随便点一名员工去完成，该员工会觉得这件事情谁去做都无所谓，自然也就不会重视，甚至产生逆反心理，埋怨为什么不让其他人去做。

作为管理者，哪怕你真的是随便翻到了哪个员工，也不能直接说出心声，而是要加以美化，让他干得更有劲。否则他会敷衍了事，根本不会上心。

钱总在给宋凯打电话的时候，开头就说："这么早打扰到你休息，真的很抱歉。现在公司出现了一个突发情况，希望你能帮到我。"

宋凯听到领导这么客气，立刻正襟危坐，仔细听他接下来的安排。钱总简单地阐述了一下为什么找宋凯帮忙，因为这个项目很重要，他不想让其他人了解更多的细节，务必做好保密工作。

虽然钱总不免有些夸大的成分，但是这样说出来会让宋凯很受用。不管是同事还是朋友，指明事情本身的重要性，就是表扬处理事情的人的重要地位。

三、强调团队的整体性：你不是一个人在战斗，大家都在为了同一个目标而努力，相互协助。

说到底，人类还是集体动物，一旦想到大家都是在齐心协力，这本身就是一剂兴奋剂。

钱总所说的收购案件，是他们整个团队筹备了一年多的项目，不管是宋凯还是其他同事，都为之付出了很多心血，眼瞅着临门一脚，谁都不愿意在最后关头前功尽弃。这就像一场战役，团队所有成员各司其职，就是为了保证宋凯能够顺利完成任务。

综上所述，出现紧急情况下达任务的时候，一定要给员工充分的尊重和理解。先用温和的语气请求对方帮忙，但是要明确告诉对方这件事情很紧迫；再营造这件事情非他去办不可的氛围，进而表彰他为团队所做的贡献，这样就能起到事半功倍的效果。

◇ 多对下属强调"我们永远在一起"

职场中，越是优秀的人干活越多，越能得到领导的重用。这样一来，久而久之就出现了一个怪现象，那些能干的人承担的责任很重，也会更加劳累。

根据"二八定律"，公司的八成业绩是由两成人创造的。聪明的管理者都明白做好优秀员工的思想工作的重要性——让他们创造业绩的同时，还能消除心理的不平衡。

李芬是广告公司的项目经理，进公司有 3 年了。她在工作上越来越得心应手，如今承担了公司一半的项目运营，很多项目方甚至点名要她负责。

年中进行工作总结，发现公司离既定的业绩目标还有一些距离。公司蔡总找到李芬，打算说服她承担更多的团队业绩。其实，在上半年的业务分配中，李芬已经挑了大梁，但面临下半年严峻的市场竞争，蔡总不得不给她加大工作量。

蔡总很为难地对李芬说："能者多劳，如果一个人有能力，所有人都希望你能够多干一些，毕竟团队还是需要你这样的人支撑，是不是？"

蔡总平时很少夸奖李芬，而李芬也从来没有让领导失望过，她一直觉得自己做得好是应该的。其实，蔡总心里也明白，李芬的工作量已经够多了——如果还继续调高业绩，非但起不到激励的作用，反而还有压垮她的风险。

蔡总明确告诉李芬，他明白公司给她的业绩指标过高，并不是说公司没有意识到这个问题；相反，公司一直在想办法解决这个问题。比如，加大对基层员工的培训，招纳更多的人才，等等。而给李芬分配这么多任务，从来都不是说她应该做这么多，而是她在帮公司一个大忙。

蔡总很委婉地跟李芬阐述，下半年业绩指标重，希望她能多分担一些工作量。

事实上，听到蔡总提出这样的请求，李芬内心也放弃了挣扎，默然接受了领导安排的一切。

蔡总跟李芬掏心掏肺的第二点是，他不希望李芬因为自己的"特殊性"而感到高处不胜寒，她从来都不是一个人在战斗，她属于这个团队——每个业绩指标的分解，都是为了团队做贡献，是他们"一起"在为实现团队目标而努力。

当李芬从团队的角度考虑现实问题时，她就有了努力的动力，甚至会主动发挥"传帮带"的作用，为新员工进行销售技巧的培训。

也许由于业务性质不同，只能由一个人完成的项目，但当每个人心中都怀着在为了整个团队而努力的想法，大家就能以积极的心态投入到工作当中。因为做好手头工作，不仅能展现自己的能力，还是为团队贡献一份微薄的力量。

多对优秀员工强调"一起"，才能激发他们的团队精神、增强他们的团队荣誉感。优秀员工在做好自己手头工作的同时，能够主动帮扶业务能力差的同事，对弥补团队的短板非常有利。

◇ "糖衣炮弹"要能派上用场

职场中，总会遇见一些"玻璃心"的员工。即便领导的批评并不是特别严厉，他们也好像受到了一万点伤害似的，立刻一蹶不振，陷入沮丧的状态中。

这种类型的员工性格敏感，哪怕是一件小事也会记在心上。面对压力，他们的抗打击能力特别差，稍有不慎就会陷入负能量的状态，影响整个团队的士气。

公司新来的销售助理秀秀是一个刚走出校门的软妹子，平日里对大家服务周到，后勤保障服务做得十分仔细。但是，有一点让部门经理肖强很头疼——秀秀爱哭，但凡有人对她的工作提出质疑，她都会不分时间和场合地掉"金豆子"。

这不，秀秀刚走进办公室，肖强把报告往桌子上一扔，生气地说："这是你昨天提交的数据，上半年销售业绩统计有误，你自己看看！"

秀秀怔住了，半天不说话。肖强刚想展开谈话，手把手教她怎么导数据、检查数据，她突然哭了起来，捂着嘴巴小声地啜泣。

肖强一时手足无措，反倒觉得自己做错了事似的，一句话也说不出来了。

秀秀走出办公室，立马有人递上面巾纸，轻抚她的后背安慰着。不用说，他们肯定又跟秀秀一起埋怨肖强的不是了，因为她的群众基础还是不错的。

肖强觉得自己仿佛被绑架了，被一个弱女子用一种特别强大的力量给束缚了，推动不了工作。

要说辞掉秀秀吧，肖强于心不忍。除了性格比较软弱之外，她身上也有不少可圈可点的地方，贸然地辞退她，对她也不公平。可是，要是继续用她，其他员工对他的管理能力会产生怀疑：连一个弱女子都搞不定，还怎么带团队？

不可否认，这类员工确实让管理者很头疼——既不能纵容他们，又不能批评他们，不知道该怎么办才好。

职场如战场，对员工的保护也要有个度。管理者要想办法让他们面对残酷的现实，做错了事就要虚心地接受批评。建议管理者使用"糖衣炮弹"攻击他们，直到他们成长为一名合格的职业化员工。

所谓"糖衣炮弹"，从字面意思上来说，是用糖衣裹着的炮弹，比喻经过巧妙伪装能使人乐于接受的进攻性手段。职场上的"糖衣炮弹"，是指对员工多夸赞、少批评，对于一些小错误视而不见、听而不闻。

一、管理抗打击力差的员工时，不要太严苛。

过分严苛只会让员工条件反射地逃避责任。比如，他们会选择做一些难度较小的工作，或者做一些无关紧要的工作，养成推卸责任的习惯等，不愿意在工作中挑大梁。若是这样，批评反而成了本末倒置的事情，根本起不到提醒员工、激励员工的作用。

二、批评员工的时候不要翻旧账，要就事论事，一次只针对一件事情进行批评。

没有一个下属喜欢上司滔滔不绝地罗列自己的缺点，这样会让人很厌烦，甚至产生逆反心理。一次只说明一个问题，这样，下属也能知道自己究竟哪里做错了，从而有的放矢地去改正。

如果肖强说话不那么生硬，用温和的语气提醒秀秀更改上半年的数据："这份报告还算翔实地介绍了上半年的工作内容和经验总结，但是还需要把销售数据再核实一下，那样就更加完美了。"这样，秀秀就能意识到自己的问题出在哪

里，有针对性地进行修改，而且下一次再做数据统计的时候
也会多加留意。

三、不去触碰下属的底线，在批评员工时要掐准对方的
脉搏。

这就要求管理者平日里多关心下属，了解他们的喜好和
情绪周期，一点点地引导他们走向成熟。

四、改变句型，把陈述句变成疑问句向下属发出问
题——搞清楚事情的来龙去脉，而不是生硬地全盘否定。

回到肖强和秀秀的对话中，肖强发现统计数据有问题，
大可不必直接炮轰"上半年销售业绩统计有误"，而是变
化一下句型，问："这组数据我没看懂，你能否给我解释
一下？"

秀秀肯定会当着肖强的面说明这组数据的来龙去脉以及
统计方法，如果有任何错误，讲解都不可能顺利地进行下
去，这样她也就能发现自己的问题了。

五、切忌夸大错误本身。

如果真的想强调错误的严重性，请明确提出错误影响的
广度和深度。

管理者不要有一张婆婆嘴，反复唠叨并提醒下属的错
误，也千万不要有"我都说了多少遍，你还是出现这样的问
题"的心理。因为，这对下属来说就是夸大事实，他们极有

可能没有注意到你在这方面的提醒。

如果并不是原则性的错误，请参考第一条，使用"糖衣炮弹"对下属多表扬、少批评。

◇ 假设性提问有奇效

园林绿化公司的孙总在做季度营销支出盘点时，发现项目上的农民工使用数量比其他同行公司多了很多，只不过价格相对较低。

孙总对主管说："咱们项目上兼职的工人太多了，别的公司 10 个人能干完的活，咱们却要将近 20 个人。虽然每个人的工资低一些，但是加在一起就高了。"

主管一听急了，说："不能再少了，咱们总不能在不该节省的地方锱铢必较吧。"

孙总："花出去的是利润，赚回来的是营业额。这个也是公司研究决定的，开源节流，没有大钱小钱之说。"

主管："可是工人少了，任务不能按时完成，反而会失去很多客户啊！"

孙总："那别的公司怎么能按时收工呢？"

主管针锋相对地说："这谁知道呢。"

不管孙总下达什么命令，主管都会找出各种借口，还摆出"将在外，君命有所不受"的态度，迟迟不采取行动。

对于这种认死理的下属，管理者就需要搞清楚他们为什么不服从指挥的原因，这样才能从根本上解决冲突。

一般情况下，可能有以下几个原因：

一、对上司不满意，认为他们说的话不够分量。

孙总虽然拿出了一些例证，但不够有说服力，下属一旦不同意他的做法，他就以"公司研究决定"来搪塞，这本身就容易让人产生逆反心理。所以，不管做任何一个决定，上级领导都要详细地说明，排除下属的每一个疑问。

二、下属觉得自己不受重视、对现状不满、"认死理"，就像一个孩子那样吵闹，不过是为了引起大人的注意而已。

基层员工一般都会有不被重视的感觉，工作上也没人指点，这说明了自己的一举一动根本不受关注。而每次出了问题，领导都会拿他们是问，他们成了十足的背锅侠。

领导一定要从日常工作做起，在开会或者下基层考察的时候给员工充分的话语权，让他们说出内心的真实感受，多帮他们解决问题，少拿放大镜看他们的不足。

三、大多数下属会不由自主地觉得领导都是"事妈"，为了彰显自己的权力，他们会经常否定下属的工作，提一些没用的问题。实际上，这些问题根本不用真的去执行，只要随便应付两下，给领导一点面子就可以了。

对于这样的情况，当下属对自己的陈述提出不同的意见时，管理者要对此表示认可，再通过提问的形式了解他们内心真正的想法。

例如，孙总对主管说："咱们项目上兼职的工人太多了，别的公司 10 个人能干完的活，咱们却要将近 20 个人。虽然每个人的工资低一些，但是加在一起就高了。"

主管一听急了，说："不能再少了，咱们总不能在不该节省的地方锱铢必较吧。"

孙总："那你觉得咱们应该从哪些方面削减成本呢？"

主管："很多方面都可以，反正人员不能再减少了，再减少人这活就没法干了。"

孙总："也就是说，现在出现了人手不足的情况？"

主管："目前还没有，但必须为了长远做打算。现在市场行情有所变化，我们最大的竞争对手 A 公司公开跟我们抢员工，他们给的工资高，明确提出只要选择他们，就不能再到我方工作。为了保证接下来项目的顺利开展，我们不得不在项目还没开始前就多养一些工人。虽然待遇没 A 公司好，可我们的收入有保障，这才让他们留下来继续工作。"

孙总："领导层一直不知道这个问题，谢谢你能道出实情。那么，针对人员的削减，还有其他问题吗？"

主管："暂时没有。您也知道项目上的工人数量有限，如果现在公司有解决用工难更好的办法，我们当然愿意削减人员。"

孙总："假设公司能解决你们现在面临的问题，什么时候可以开始削减人员？"

主管："这个工期结束之后就可以，因为之前跟工人签订的是临时用工合同。"

孙总："我明白了。我会把你的问题带回去，很感谢你的分享。"

通过这些假设性问题，孙总对一线的困难有了大致的了解，也搞清楚了员工内心真实的想法，有效地说服了认死理的员工。

第三课

传达术：措辞影响谈话结果

　　领导也要培养下属养成优秀是一种
本能的习惯，不管发生什么事，都要
追求更优秀的自己。时刻反思今天的自
己是否有了进步，是否比昨天的自己更
好——把昨天的自己作为参照物，才能
发现新的自己。

◇ 人人都是产品经理

在"新思维"训练校区做了两个月教育顾问的安妮，今天提出了离职。办完手续，她不由得长舒了一口气：终于可以逃离这份地狱般的工作了。

在岗的两个月里，安妮几乎每天都要遭到李校长的"恐吓"和"威胁"。作为一个新人，她的业绩一直不达标，本身自己心里就很着急，可李校长每天一到学校就给招生咨询部开会，警告他们，如果今天再没有令人满意的进展，就要扣他们的工资，留他们加班。

安妮多次想跟李校长进行深度沟通，可李校长总是摆出一副高高在上的姿态，让她没法掏心掏肺地说出自己的问题。

安妮只好一个人默默地承受着压力，终于积攒到最后的时刻一并爆发，让她头也不回地选择了离职。

下属业绩差，这在销售当中是常见的状况，最好的办法是找出问题的症结所在，帮助下属提高签单量。如果只是推行高压政策下的打击，会让下属疏远领导。

当下属业绩差时，管理者首先要给予下属鼓励，找到他们的优点，有针对性地褒扬，然后再提出问题。

在和谐的氛围中，人的防备心理也会下降，很容易敞开心扉说真心话。

李校长对安妮说："虽然你才来公司两个月，但是你要知道很多人刚来就能开单——你要严格要求自己，总是把自己当成新人，永远都没法进步！"

安妮面红耳赤："好的，我会继续努力的。"

李校长得理不饶人："上次你也是这样跟我说的，可我从来没见你主动找我请教过问题，难道就没有遇到过需要帮助的情况吗？"

安妮顿时觉得自己下不了台，她确实做得不够好，但退一步说，她没有动用身边所有可以利用的资源。她连忙道歉："对不起，下一次我一定能成功签单的。"

此刻，她人虽然还站在李校长面前，心思却早已飘到了九霄云外，只想尽快离开校长办公室。

从这个例子可以看出，如果对下属批评太多，他们会觉得自己一无是处，从而否定自己。

虽然人们常说"业绩代表尊严""业绩代表一切"，可是在日常管理中，如果领导给下属营造出"业绩差就等于一切都差"的氛围，那么，他们会丧失自信心，根本就没法好好工作。

"你还能不能干了？""上次你也是这样说的！"这些类似的话，只能逼着下属承认错误，对工作毫无益处。可是，管理者需要的不是道歉，而是让下属进步，创造利润。

如果抓住对方的一次错误不放手，反复强调对方的不是，也不是一个明智的做法。不管是与人相处，还是上下级之间的工作交流，总是揭老底显然不明智，只会加深彼此的隔阂，建立不了信任关系，也就无从产生信赖感。

对于业绩差的下属，一定要通过循循善诱的关心和提问，找到当前存在的问题，并且想方设法地解决问题。

如果李校长能够少一点暴脾气，当安妮出现问题时主动找她谈话，并以夸赞的方式开场，事情可能会向另外一个方向发展。举例如下：

李校长："安妮，你最近很辛苦啊，看到你做的各区中考分数统计很详尽，给其他咨询顾问新添了一个很好的咨询方向。很棒！"

安妮听到李校长的夸奖，刚刚还紧张的心一下子轻松了许多，立刻回复道："举手之劳，汇总数据的过程也是自我学习的过程。"

李校长："你能主动学习，真的令人感到欣慰。对了，你来学校已经快两个月了，我们还没有深入沟通过，你的个人业绩现在看来表现得还不是太好呢。"

安妮长叹了一口气，她的业绩不好自己当然知道——虽然自己也着急，可一时也解决不了问题。她不得不承认："是的，这两个月里没开单，我也很苦恼，真是对不起。"

李校长："你不用道歉，我看得到你的努力，反而是我对你的关注不够。"

安妮："谢谢校长。"

李校长："你有什么问题吗？不妨跟我直说。"

安妮放下了戒备心，直接说出了心中的困惑："最近电话的接通率很低，拿到的客户数据都被之前的教育顾问打过很多遍，家长甚至把我们的固定电话都加入了手机黑名单。"

李校长："你要知道客户资源是有限的，大家都存在这样的问题。这样吧，明天我分一批零跟踪的数据到你的信息库。另外，新来的杨老师都是用自己的手机给家长打电话，接通率很高，现在她的业绩挺不错的。你可以试试这个方法，或者你也可以想一想更好的办法，你说是不是？"

通过这样的对话，安妮说出了问题的根源，李校长也切实有效地帮助了安妮。

领导的威信并不是通过发火和批评下属而建立的,适度
地对业绩差的下属多一点包容,先认可他们在工作中表现比
较优秀的地方,跟他们产生共鸣,才能获得他们的信任,从
而敞开心扉告知真实的想法。找到解决问题的办法,更加有
利于团队的稳定和人心的凝聚。

◇ 别拿"邻居家的孩子"来比较

职场中,总是有一些人不管怎么努力,进步却像蜗牛的
速度一样慢。

作为管理者,对这些情况难免看在眼中,急在心里,对
他们负责的项目上更加严厉,批评教育在所难免。

最近,新媒体运营专员侃侃因为一份推广方案迟迟落不
了地,受到了领导的严厉批评。

领导:"上次开会定下的运营方案,到底什么时候才能

开始？"

侃侃："方案最近又进行了一番修改，因为上一次提的小程序没有找到合适的第三方开发公司。"

领导："怎么又改？既然不能落实，为什么方案做得那么花里胡哨，就不懂得接地气吗？"

侃侃："很抱歉……"

领导："我发现你最近的工作很不在状态呢，你看看跟你一同进公司的李响，人家负责的公众号都有几十万粉丝了，10万+的文章都写出好几篇了。"

侃侃："确实，我一直都在向他学习。"

领导："光学习有什么用，得实践、得出成果啊！你什么时候才能赶上李响，不再让我为你操心啊？"

侃侃从领导办公室出来时，一脸的菜青色，后来闷闷不乐地坐了一个下午，推广方案依然没有任何进展。

领导以为侃侃能够懂得他的良苦用心，朝着李响的方向奔跑，即便一时赶不上李响进步的速度，最起码能虚心地向对方学习。然而，随后的日子里，侃侃每次上班看到李响后心里都不舒服，好像他是领导安插的眼线，于是跟他交流工作感想的想法也没了，甚至都不愿意跟他一起开会。

下属犯了错误，批评教育是为了让他们更快地进步，但如果操作不当，会适得其反。方向不对，努力白费。像侃侃遭遇的这种抬高一个员工、打压另一个员工的教育方法，看似是为了激发员工的积极性，其实效果并不理想——被教育的员工没能因此奋发向上，被表扬的员工也并没感受到荣誉。

好多人这一生好像都在跟别人比较，小时候我们总是被要求向"别人家的孩子"学习，长大后依然逃脱不了向"别的同事"看齐的命运。职场中，领导喜欢树立榜样，意图是让进步慢的下属有一个学习目标和方向——殊不知，越是拿别人进行对比说教，越起不到激励的作用。

因此，管理者一定要摒弃传统的教育和管理方法，不盲目把某个员工与其他员工做比较，这对员工的成长毫无益处。如果真的要比较，就要像教育孩子一样，把今天的下属跟昨天的下属做对比，告诉他们要重视日积月累，每天都要有进步。

一般来说，进步比较慢的员工，要么学习能力差，不知道怎么学习；要么心思根本不在工作上，没有用心学习。领导要给员工更多的关注，找出他们的进步点，并且适当地表扬他们，让他们感受到成功的滋味，进而激发他们对成功的渴望。

领导也要培养下属养成优秀是一种本能的习惯，不管发生什么事，都要做更优秀的自己。这就需要你时刻反思今天的自己是否有进步，是否比昨天的自己更好——把昨天的自己作为参照，才能发现新的自己。

除此之外，千万不能全盘否定员工做的一切，这是在抹杀他们的积极性、创新性。

教育员工跟教育孩子有异曲同工之妙，如果一味地全盘否定和打压，他们就会产生消极心理，久而久之甚至会自暴自弃，离职也会提上日程，这并不利于企业的发展。

侃侃在最初撰写的方案中，大胆采取了创新行为，通过开发游戏小程序来吸粉，却因各种原因没能实施。这时候，领导不应该批评他，而是要详细询问个中原因，利用自己的资源帮助他把方案落地实施。

领导："上次开会定下的运营方案，什么时候能够开始呢？"

侃侃："方案最近又进行了一番修改，因为上一次提到的小程序没找到合适的第三方开发公司。"

领导："行动还挺快的，能及时发现方案的问题并且积极地解决问题，很不错！"

侃侃："谢谢。"

领导："那么，新方案估计什么时候能完成？"

侃侃："很快，最近一两天就能搞定。"

领导："盯市场就需要有这样的灵敏度，你敏锐地看到问题并且积极改进，这比以前有了很大的进步。"

侃侃："谢谢。"

领导："不过，你还是有很大的提升空间，下次希望你的方案能够一次通过并且如期推行，加油！"

从这段对话中可以看出，领导不再拿侃侃跟其他人相比，而是与过去的侃侃做对比，这样，进步与否更有说服力。

此外，领导更多地使用表扬的方式来看待侃侃工作中的失误，并没有一开始就动怒或者全盘否定，这赢得了侃侃的信赖。

对待进步慢的员工，领导要有积极的心态，不要总是抓住对方的缺点不放。每个人都会犯错，都会有停滞不前的低谷期，多以积极的心态看待员工的问题就会豁然开朗。

当然，还要想想自己作为职场菜鸟的时期，即便是简单的问题也可能反复出错，毕竟每个人都是踩着错误的垫脚石成长为一个全面的老手，成就了今天的辉煌。

领导如此将心比心，自然会对员工生出更多的包容心。

如果你不希望听到"你跟××相比"这样的话，就不要对他人也这样说，正所谓：己所不欲，勿施于人。

◇ 多问一次"为什么"

下属经常犯错误确实是一件比较让人头疼的事情，特别是在同一个问题上反复摔跟头，难免会让人失望。

这时候，领导很难心平气和地面对下属，大多数时候会劈头盖脸地将他们痛骂一顿："你为什么总是不长记性？""你是怎么做事的？"甚至，否定他们的做事方法，对他们的人格提出质疑。

区域总监接到一个投诉电话，他手下的一名销售员公然在电话里挑衅客户，出言不逊。

下属："我听说有客户打电话到您这里来投诉我。"

总监："你还好意思问，你怎么能在电话里跟客户叫板？你知不知道投诉的严重性？上个月你也被投诉了两次！"

下属："对不起，我不是故意的。"

总监："作为一名电话销售人员，你对客户连最起码的尊重都没有，你还想让他从口袋里掏钱？小时候你爸妈没有教过你怎样使用礼貌用语吗？知不知道尊重别人？"

下属："我知道错了……"

总监："你上次也说自己知道错了，可怎么从来没见你改正过，为什么总是在同一个地方跌倒呢？"

下属："我当时说话有点急……"

总监："为什么那么着急，等着下班回家约会吗？"

下属被总监咄咄逼人的诘问给惊呆了，终于接不上话了。从这番对话中可以看出，总监除了发泄不满情绪之外，没有解决任何问题，而且下属还陷入了一种沮丧的状态，从心底开始放弃挣扎，听之任之。

如果总监改变咄咄逼人的状态，在沟通时多用"为什么"，给下属安慰的同时还能引导他说出真相。

下属："我听说有客户打电话到您这里来投诉我。"

总监："是的，这到底是怎么回事，你们为什么会发生冲突呢？"

下属："对不起，我当时确实太着急了。"

总监："发生了什么事？"

下属："他太嚣张了，张口就骂人，我气不过就怼了回去。我们做电话销售的也不容易啊！"

总监："让你受委屈了。如果我没记错，上个月也发生了类似的事情吧？"

下属："是的，上一次完全是因为公司有好几个销售员给客户打过电话，他心里不高兴，骂了我一顿。我哪里能受得了这样的委屈，于是……"

总监："我完全理解你的心情，但是你有没有发现这样做的后果是什么？"

下属："对不起，给公司带来了不好的影响……我知道我错了……"

总监："那以后再遇到这样的情况，怎么办？"

下属："我会控制自己的情绪，保证不再犯同样的错误。"

总监："那你打算怎么控制自己的脾气呢？"

下属："我会写一张便签贴在电话上，如果对方对我不满意，我先认真听完对方的抱怨再挂电话。同时，我也会请身边的同事监督我，让他们随时指出我的不足。另外，我也会记录下整个情绪周期，在心情不好的那几天转移注意力。"

总监："看来你是经过深思熟虑的，如此真是太好了，不过就是辛苦你了！"

从这段对话来看，总监为了让下属认识并改正自己的不足，整场谈话分为三个阶段，让事情朝着有利于彼此的方向发展。

第一阶段，弄清楚事情的根源，确认这件事情到底是因为什么。

上来就对下属进行批评教育，会显得领导不讲情理，而且，有时候甚至不一定是员工的错。

就像被投诉这件事情，表面上看来是下属的不对，但也可能并不完全是由下属导致的。如果深究下去，下属受委屈的不争事实就会被掩盖，再对下属发火，难免会加深下属的委屈。

第二阶段，多问"为什么"，关注当事人的身心感受。

如果总监不分青红皂白地批评、为难下属，下属只会觉得这一切都是自己的错，并且不断反思自己到底做错了什么。

虽然反思、自省在工作中是非常有必要的，也能够让一个人及时发现问题并主动去解决问题，但是过度的自省会让一个人产生自卑心理，产生消极的负能量。

下属的心情和意识是需要激发的，但归根结底还是要采取一定的行动。只有知行合一，采取了实际行动，才会出现管理者所要看到的最终结果。

第三阶段，告诉下属怎样做才是真正的知行合一，促使他们做出改变。

这也是总监最后所问几个问题的目的，如果下属只是单纯地说一句"我知道错了""下次我会注意的"，这还不够，还要让他详细说明怎样去做才能改善现在的情况。

通过这三个阶段的连环提问，直到下属再也不犯同样的错误，才是一次真正有效的沟通，才能真正起到对下属的帮助作用。

◇ 对事不对人

小猴子下山的故事，我们都听说过，一会捡西瓜，一会掰玉米棒，然后注意力又被芝麻给吸引去了。这一天它做了很多"工作"，但是到头来却一无所获。

它累吗？当然累啦。

它心情差吗？当然差啦。

工作中，经常会遇到这种忙而无功的情况：在办公室里像花蝴蝶似的飞来飞去，把自己当成一瓶万金油，哪儿需要就去哪儿。但在一周工作总结的时候，一周的工作计划没有完成，业绩不达标，落了个哑巴吃黄连——有苦说不出的结果。

这个当事人是你，也是我，还可能是任何一个人。

遇到脾气暴躁的领导，将下属拉到办公室就是一顿臭骂："知不知道工作分轻重缓急？""业绩就是尊严！""业绩是'1'，其他都是'0'，没有业绩，干得越多错得越多！"

下属唯唯诺诺地回应："真是对不起！""好的，我知道错了，下次改！""我会努力的，一定会努力！"

下属本来还想跟领导取取经，让对方帮助自己分析问题、解决问题，可是现场气氛压抑，愣是一句话都没对上。

走出领导办公室，下属依然抓不住工作要领，被一堆事压得喘不过气——虽然电话打了无数个，还是邀约不到客户上门，业绩没有一丝提升。

工作又恢复到了小猴子下山的状态，因为并没有一个领路人告诉他应该怎么做选择才是对的，应该怎么走才能赚得盆满钵满——领导并没有给忙而无功的下属找到解决问题的答案，只满足了自己发泄的欲望。

如果切换一下场景，领导得知下属的业绩一直很差，把他叫到办公室。

领导："我看你这个月的业绩好像落下了好大一截呢。"

下属："是的，我……"

领导："不用沮丧，我能看到你的努力，把你叫过来主要是想安抚一下你的情绪，别因此而受到打击。谁都会有这样的阶段，我做销售员的时候，曾经每天加班到 12 点，可是业绩依然上不来呢。"

下属："谢谢领导的关心，我会继续努力的。"

领导："是不是哪里出了问题？说出来，看看我能不能帮你梳理一下思路。"

听完领导的这一席话，下属的心里暖烘烘的，立刻就跟领导吐露了心声。

一般来说，遇到下属忙而无功的情况，领导千万不能用言语打压，批评教育也要适可而止。因为，能够积极主动忙碌的员工都拥有一颗上进心，面对日常的忙碌却得不到自己想要的结果，他们早就产生了愧疚心理，无须领导旁敲侧击地"点拨"。

这时候，管理者要参照以下几条建议。

一、呵护下属积极向上的心，肯定他们在工作中付出的努力。

所有的正能量都值得被表扬，团队需要这样积极向上的人。当他们没有获得应有的业绩时，领导的慰问就是他们的精神支柱——领导看得见、也认可他们的努力，是他们在工作的海洋中迸发激情的最后一道助力。

二、对下属敞开心扉，谈谈自己的成长史：当年自己如何从低谷中走出来，从而获得今天的成就。

所谓同理心，就是告诉下属，你也有过这样的经历，你懂得他们的心情，别气馁。紧接着，领导可以讲述自己失败的经历，比如："那时候我也非常努力，可是发现努力并没有得到应有的回报。但这并不是说努力就没有意义，它是在为以后的成绩做铺垫，实现量变到质变的转化——就像一个人吃了第 5 个馒头才感觉到饱，并不能说明吃的前 4 个馒头就没有意义。"

如果领导自己没有类似的"故事"，也要编造一个出来——善意的谎言对员工还是很管用的。因为，当他们知道高高在上的领导也曾经像自己一样憋屈时，就会"原谅"自己的劳而无获，在谈话中敞开心扉。

三、对事不对人，不要否定下属所做的努力，甚至怀疑他们的人格，而是要帮助他们分析问题、解决问题。

当员工的业绩止步不前时，管理者的第一反应是耐心询问"到底哪儿出错了"，因为，很多时候下属也说不清楚自己到底哪儿出了问题。

这时候，如果领导还摆出高高在上的态度，对员工进行批评和攻击，他们就会条件反射地进行自我保护——不想得罪领导，采取敷衍了事、信口胡说的措施，到最后依然解决不了问题。

◇ 给完美主义者开一剂药方

有些人极具工匠精神，一丝不苟，上学时考试必须得100分，否则会痛哭流涕；毕业后走上工作岗位，对任何事情都要做到极致，不惜长期加班，甚至延误工期。

不可否认，追求完美和极致是一种态度，在合理的范围内将工作干到最好是难能可贵的精神。但是，企业是要创造利润的，在风云变幻的市场上如果不能快速反应，最后逃不出"慢鱼被快鱼吃掉"的惨痛命运。

小步快跑是这个时代企业的生存法则，如果只一味地追求完美而拖慢了整个工作节奏，则成了一种不明智的表现。而且，过分追求完美对个人和企业来说都是一种消耗——与其浪费时间在办公室加班，不如尽快干完手头的事情，多留一点时间做创新思考或者陪陪家人。

追求完美的员工对自己有着高标准的要求，他们不允许自己低于"100分"，哪怕工作做到80分已经足够，他们还是没法说服自己——说白了就是有点"完美控"，有时候只是为了追求完美，根本不考虑工作效率。

追求完美的人，不能接受因为自己的作品有瑕疵而被他人怀疑其能力，他们是有私心的——为了维护敏感的自尊心，不惜绑架企业的效率。

周末，公司要开展新人销售技巧培训，领导让小王拟一份报告，说开会时会用到，可是现在都已经周四了，他还没把报告提交上去。

领导："这份报告你到底什么时候能完成？"

小王："快了，很快就完成了。"

领导："上周分派给你的任务到现在还没完成，你这一周都在干什么呢？"

小王："我看了之前的报告，感觉不管是版式还是内容都比较陈旧，我正在调整，就差设计的新版式了。"

领导："不用搞那么复杂，我不需要太多花里胡哨的东西。"

小王："可是效果会更好。"

领导："差不多就行了，就按照我说的去做。"

小王："好吧。"

领导："今天下午务必交给我。"

小王："能否明天？刚调整的版式我觉得还是不太满意……"

领导："别太追求完美，不要花太多时间在这些无用的事情上。"

小王还想继续辩驳，领导根本不给他任何机会就离开了，但是，他一颗沸腾的心一时间根本没法平静下来。他非常不赞同领导对待事情的态度，要么不做，要做就应该做到最好——之前的那份报告质量那么低，怎么能把它呈现在上百名新员工面前呢？

像小王这种类型的职场人，会被人贴上"认死理""情商低"的标签，领导"差不多就行了"的敷衍话根本没法说服他们，他们自然也就没法退一步海阔天空。如果领导用强权压下他们的执念，牵一发而动全身，他们对待工作的认真劲也会受到影响。

所以，面对这样追求完美的员工，要智取。

首先，要肯定他们的努力。毋庸置疑，每个人都需要得到别人的认可。

当领导知道小王的报告还没完成的时候，就应该转变思路，先对他的工作进行肯定。

领导："你的这份报告估计要到什么时候能完成？"

小王："快了，很快就完成了。"

领导："你是一个做事很细心的人，我相信你做出来的报告一定有很多闪光点，我很看好。"

小王开心地说："谢谢领导。"

明明小王做事拖沓，可是领导耐着性子表扬他，调动了他的积极性，谈话在和谐友好的氛围当中逐步推进。

接着，告诉下属追求完美没有错，但是因此而拖慢了整个团队的工作节奏就不好了，并且详细地说明会出现什么后果。

这不是一个单打独斗的时代，每个人的工作都只是整体工作的一小部分——看起来只是某个人出现了失误，很可能会造成非常恶劣的影响。领导在说服的过程中，切忌使用一些大而空的对话，诸如"浪费大家的时间"等。

领导："我看了你的报告样稿，做得确实很棒，但是我急等着周末要用，如果报告出不来的话，前期的准备就付之一炬了。你也知道，有不少新员工是从外地过来的，公司很重视这场培训。"

小王："我知道时间紧迫，请领导放心，我一定保质保量地准时完成。"

领导："那今天下午能给我吗？毕竟还得留点时间给我

熟悉一下报告内容，不是吗？"

小王："好的。"

一边讲道理，一边夸奖对方，即便是再不通情达理的员工也能体会到领导的良苦用心。

最后，给未来做铺垫，鼓励追求完美的员工继续发扬奋斗精神，因为很多时候人们确实需要工匠精神。

对于能干的员工，领导要肯定他们的工作能力，"你是很认真负责的同志""你要继续发扬工匠精神"等，鼓励他们在工作中继续保持精益求精的态度，但是要摒弃不考虑团队进展的思想。

领导："小王啊，希望以后在工作当中，你能继续发扬这种追求完美的精神。"

小王："好的。"

领导："但是，你也要明白，任何项目都是有时间限度的，要特别注意把控项目推进的时间节点啊，这样你就会成为一个优秀的职场人。"

小王："好的。"

小王知道了自己的长处，做事会精益求精；他也知道了自己的短板，对没有时间概念有了充分的认识。在以后的工作中，他会取长补短，发挥自己的优势，规避自己的劣势。

第四课
倾听术：引导下属说出内心的真实想法

在谈话中，学会掌控自己的情绪，是让一场谈话继续进行下去的重要因素。作为管理者，如果能够表现得积极、热忱、振奋，在很大程度上，下属也会受到感染，在谈话中带着喜悦之情。

◇ 营造良好的谈话氛围

　　海明带着抵触的心情，参加了公司举办的员工恳谈会。对于这些流于形式的会议，他一向看不惯，也不想提意见。这半年来部门领导已经换了三任，问题出在哪里，还不够一目了然吗？举行什么"恳谈会"，无非就是做给大领导看。

　　到了会议室，海明找了一个角落的位置坐下来，静待会议早早结束。一开始，海明本来没有聊天的欲望，但是，部门新来的俞总监像是有魔力似的，他总是有法子"撬开"员工的嘴，就连海明自己也打开了话匣子，说了很多藏在心底的话。

　　那么，俞总监到底是有什么魔力呢？后来，海明明白了，俞总监给下属营造了一个很好的谈话氛围，主要表现在以下几个方面。

　　一、谈话风趣幽默，能让下属放松警惕，展现出本真的自己。

会议开始之前，俞总拿起话筒，微笑着说："趁大领导还没来，在这里我先友情提醒一下大家，我建议你们自备一张面巾纸……"

同事们都一头雾水，难道接下来的会议还有大规模催泪的内容？想到这里，他们立刻打起了精神，看来新官上任三把火，这火马上就要烧起来了。

俞总监接着说："因为等一会开的会议太无聊，我怕你们睡着后流口水弄脏桌椅板凳，公司还要花钱清洗——可要是口水回流呛了自己，那可不算工伤啊！"

现场哄堂大笑，有个男同事大胆地说了一句："笑折了腰，算不算工伤？"

俞总监幽默地回应道："你这是腰不好吗？"

同事们笑得更欢了，这也奠定了整个恳谈会轻松的基调。一般来说，下属在陌生的环境中表现出紧张和拘谨，主要是由两个原因导致的：一是没有安全感，二是思想包袱太重。

没有安全感是一种正常的应激反应，因为人在面对陌生事物时第一反应总是自保，以不受到伤害为最低要求。提高对方的安全感，就是扩大对方的安全领域，谈话范围也会随之增加。

帮助下属放下思想包袱，他们就会把领导会意成"自己人"，接下来自然能够轻装上阵，善待"盟友"。打好这张感情牌，当领导"有求于"他们的时候，他们也不会坐视不管。

二、用词不要太官方，说一些对方能够听得懂的术语。

有的领导在跟下属谈话时，一开始就摆出"公司利益至上""年度 KPI 指标是根本"等一些官方用语，下属一下子就明白这是一场官方问答，自己的回答会影响自己的职业发展，所以回应时特别谨慎。这样，他们的注意力就会集中在可能出现"地雷"的地方，脑中时刻亮着红灯，哪儿还有心思为公司利益着想呢。

不是所有人都有风趣幽默的能力，那么，管理者就要尽量让整个谈话过程像平常朋友聊天一样，从日常生活聊起，从下属的切身利益聊起。领导无须强迫下属妙语连珠，更不要时刻打断对方，要从下属点滴的描述中捕捉到一些对自己有用的信息。

当然，为了达到更好的效果，领导可以先主动谈一谈自己的心路历程或者生活感悟等，把所谓的"身份"和"地位"降到下属的层次，抛砖引玉，以此跟下属达到共鸣。

还有一点很关键，有些领导虽然表面上说让员工畅所欲言，可是心里却有一个账本会记录下他们所有的"罪状"，以待秋后算账。

这样的领导，虽然一时能获得下属的信任，可是以后再也不会有第二次机会。所以，管理者一定要有包容心，假如员工真的说了什么"不该说的"，那才是真正的他；后面只需要对他们慢慢引导，且不能故意打压。

三、环境很重要，有很多话只有离开办公室才能听到。

公司的业务骨干沈星这个月的业绩突然下降，要不是另外一个员工请了半个月的假，她就成为团队的最后一名了。老板找她谈话，上来先是把她批了一顿，得到的答案是"我会好好努力的"。然而，又过去了一个星期，她的业绩还是不见起色。

这天是周末，沈星收拾好东西刚想下班，老板突然宣布晚上搞团建，并且强调"所有人必须参加"。

其他人一阵欢呼，而沈星却一脸难色。晚上吃饭的时候，她心不在焉的，好几次躲起来接电话。

几杯酒下肚，老板深情地说："如果不是因为你们，我现在还是一无所有，所以，不管你们以后做怎样的打算，我都不会怪你们，也希望你们能够对我坦诚一些。"

沈星想了一下，终于说出了她的境况：夫妻关系破裂、自己的母亲生病、公司离家太远上班不方便。她接触了几家公司，有意向换工作，却又不知道怎么开口……如果不是借着酒劲，相信谁也不会把家务事当着那么多人的面说出来。

对于管理者来说，管理并不一定在办公室，管理无处不在。如果坐在宽大的办公室里得不到有用的信息，要尝试走出去，参加下属的团建活动并跟下属做朋友，在不同地方与下属"偶遇"等，创造谈话机会。

四、学会化解尴尬，不把别人置于难堪的境地，扮演好自己的角色。

领导如果真的打算让员工"有什么说什么"，那不可避免地，员工就有可能会说到你的痛处，或者说一些你不愿意听的话，气氛一下子就会变得很尴尬。如果你不能很好地化解这份尴尬，场面会陷入僵局。

公司食堂的文化展板升级了，这是赵总的得意之作。但是在一次座谈会上，有一位员工对此展开了多角度批评，从美观度到内容再到创意，毫不留情地说"像一只搔首弄姿的母猴"。

所有员工都惊呆了，大家面面相觑，不知道赵总听了会有怎样的反应。但他们可以肯定的是，这个员工的职业生涯基本上已经结束了，至于什么时候"埋葬"，那就看领导的心情了。

谁知赵总捧腹大笑："当初招聘你的时候果然没看错，
真是妙语连珠！经你这一提醒，我看倒更像是母猩猩，因为
除了人类，它们是最聪明的物种了。"

赵总知错就改，还让该员工参与对展板的补修，在员工
内部取得了不错的反响。

管理者参考以上四点，私下刻意练习，直到形成一种自
然的反应，就能够营造良好的谈话氛围。在实践过程中，也
要时刻反思自己的不足，查缺补漏，努力提高。

◇ 询问是个技术活

不少管理者埋怨跟下属"聊不来"，不管是在职场中还
是生活中，有些员工要么惜字如金，要么逻辑混乱不知所
云。对于这样的员工，他们会选择放任自流，不再培养。

但是，这种因为谈话能力不足而对员工全盘否定的做法
是非常不可取的。因为，有时候并不是下属不愿意交流，也
不是他们不友好，而是领导在谈话过程中不会提问，或者会

提出一些莫名其妙的问题，让下属不知道怎么回答。

　　部门经理发现季度整合营销方案还没开始写，这项工作已经布置下去一个多星期了，他非常生气，于是找到文案策划主管李宏问原因。

　　经理："你计划什么时候开始动手写下一季度的方案？"

　　李宏："下周。"

　　经理："如果我不提醒你，你打算什么时候写？"

　　李宏："下周。"

　　经理："你是复读机吗？"

　　李宏："是的。啊，不是。"

　　经理："……"

　　部门经理问了一连串可以把人"噎死"的问题，李宏担心对方大发雷霆，一时间语无伦次、噤若寒蝉。

　　照这样"聊"下去，两个人把"天"聊死也得不到有效的交流。只有正确提问，才能积极地促成谈话；只有问"好的问题"，才能得到"想要的答案"。

　　一般来说，问题分为封闭式问题和开放式问题两类。在交谈过程中，两种提问形式并不是单一应用的，而是交叉使用。

封闭式问题简洁轻快，直击重点，可以在谈话过程中避免兜圈子。合理地应用开放式提问，可以激发对方的倾诉欲，了解更多的相关信息。

一、封闭式提问直击重点，能避免兜圈子。

封闭式问题有点像对错判断或多项选择题，回答只需要一两个词，"是""否""可以"等。提问者提出的问题带有预设的答案，回答者的回答不需要展开，提问者便能明确某些问题。

封闭式提问一般在明确问题时使用，用来澄清事实，获取重点，缩小讨论范围。

封闭式问题的答案一般都比较简单，被提问人能够根据提问人的问题轻松做出回答，供提问人参考，再进一步展开对话。

经理："你的营销推广方案写好了，对不对？"

李宏："还没写。"

经理："我建议你现在就开始写，行不行？"

李宏："行。"

这种一五一十的问与答，不会兜圈子，能让你直截了当地得到想要的答案。但是，封闭式问题问多了，就容易出现"尬聊"的情况。对于一些不善言辞的人，你得到的答复可能只是几个字，所以要把握好度的问题。

二、开放式提问能激发倾诉欲，获得更多信息。

为了更好地把谈话进行下去，必须配合运用开放式问题，给对方一个自由发挥的空间。

开放式问题是一些不能轻易地只用"是""不是"，或者其他简单的词或数字来回答的问题。开放式问题会请当事人对有关事情做进一步的描述，并把他们自己的注意力转向所描述过的那件事比较具体的某个方面。

经理："什么原因导致方案还没开始撰写？"

李宏："汪秘书临时安排了另外一项工作，手头有些忙。"

经理："那辛苦了。不过，你接下来的工作是怎么安排的？"

李宏："汪秘书的工作一结束，我立刻开始写，大概下周一交给您。"

开放式提问，对提问者和被提问者都有了更高的要求。提问者要善于抓住谈话中的细节，合理地提出开放式问题，并且在整个谈话过程中认真地聆听对方的答复，给予积极正向的反馈——跟随谈话人的情绪，这样才能增加谈话的深度和趣味性。

而被提问者也要乐于分享，针对某个问题进行多维度的阐述，给提问者提供更多有用的信息。所以，在实际谈话的过程中，灵活应用开放式提问和封闭式提问，即便是最不善言辞的人，也会在开放式问题上尽可能多地表达自己。

在谈话中，主动提问能增强一个人的控场能力，把谈话的方向引到你自己喜欢的方向，避免忍受无聊的话题，或者问出自己关心的结果。

当然，选择问题只是其中的一个方面，要想积极地与人保持沟通，还需要遵循以下几个原则。

第一，他人是自己的一面镜子，如果你想让别人对你有较高的热忱，就要在谈话过程中回报同样的热情。积极而又认真地倾听，并给予一定的反馈，这样会让他人对你有好感，更利于深度沟通。

第二，不仅要考虑到对方喜欢听什么、想说什么，还要在一定程度上发现对方需要什么，把话说到对方的心窝里去。对方之所以参与谈话，一定也有自己的意图，想从你口中得到一些有价值的信息。因此，你要找到对方的需求点，并且适当地释放出一些信息。

第三，谈话是一个互动的过程。当你向别人"套话"的时候，也别忘记主动向别人介绍自己，这样，谈话才能在和谐友好的氛围中继续推进。

◇ 如何做，对方才肯说

IBM 创始人托马斯·沃森是一位精明的企业家，他十分注重调动下属的主观能动性。他说："我需要的是活生生的人，我不希望周围的人只会对我说'是'，我真的希望你们能经常推开我的房门，大声对我说：'你错了！你应该……'唯有如此，我才能坐在这把椅子上而无后顾之忧。"

作为管理者，能听到来自一线员工的真话，对其做决策会起到关键性作用。但是，坐在办公室里等候下属主动来汇报，显然是不明智的选择。

领导需要主动跟下属多沟通，特别是对于不善言辞的下属，更要在谈话过程中鼓励对方讲真话、讲实话。

首先，公司的大环境要和谐友善。下属要能确定假如自己袒露心声不但不会受到惩罚，还可能因此得到好处，获得意外的奖赏。

员工为什么在领导面前三缄其口，其主要原因就是不够勇敢，害怕说错话遭到打击报复，影响职业发展。

在公司里，大部分员工都会选择明哲保身，不主动站队，所以对谈话表示排斥也是正常反应。领导要试着理解逃避谈话的员工，不要对此严加批评。

刘向在他编订的《邹忌讽齐王纳谏》中，讲述了齐威王在治理国家时鼓励群臣说真话的故事。美男子邹忌在妻子、小妾、宾客等人的一片夸赞声中，悟出了人生大道理，并且进谏齐威王，提醒他别被众口一词的夸赞蒙蔽了。

邹忌说："宫中的姬妾及身边的近臣，没有一个不偏爱大王的，朝中的大臣没有一个不惧怕大王的，全国范围内的百姓没有一个不是有事想求助于大王的。由此看来，大王您受到的蒙蔽太严重了！"

于是，齐威王下令："能够当面批评我过错的人，给予上等奖赏；上书直言规劝我的人，给予中等奖赏；能够在众人集聚的公共场所指责、议论我的过失并传到我耳朵里的人，给予下等奖赏。"

命令刚下达，许多大臣都来献言献策，宫门和庭院像集市一样热闹；几个月以后，还不时地有人偶尔谏言；一年以后，即使有人想进谏，也没有什么可说的了。

燕、赵、韩、魏等国听说了这件事，都到齐国朝拜齐威王。看吧，齐威王身居朝廷，不必用兵就战胜了他国。

现代社会的管理也是同样的道理，如果领导能够创造宽松的舆论环境，给下属营造"讲真话"的氛围，自然就很容易发现企业管理中的漏洞。

其次，管理者与下属之间必须建立一种诚信关系，答应下属会保密的事情一定要努力做到。诚信一旦崩塌，再修复就变得很难了。

旭红是一家营销策划公司的文案员，在一次员工普查的时候，人力资源总监笑眯眯地说："这段时间你做得不错，有没有想过以后的职业发展？放心，这次谈话是保密的。"总监又说到公司计划培养一名文案主管，以后负责公司所有的文字材料。

旭红摇头说："我想过要往管理方向发展，但是对管理又一窍不通，思来想去，还是从事文字方面的工作。"

总监说："那你对未来是怎么规划的，不可能一直写稿子吧？"

旭红说："我喜欢文字工作，除了做好本职工作，业余时间我还运营了一个公众号……"

旭红把自己的底细全部对总监坦白了，她再三表明没有影响工作。总监也鼓励她继续做下去，谈话现场和谐友好。

走出会议室，旭红以为谈话就此结束。可是，没过几天上级领导把她请到办公室，提醒她要"专注于手头工作"，不要在外面搞那些乱七八糟的东西。领导虽然没有点明她运营公众号的事情，可是她一下子就明白是人力资源总监把她给"卖了"。

最后，领导要有宽广的胸襟和包容心，对于员工的牢骚和不满要能听得进去，那样才有利于促进企业的健康发展。

领导必须重视每一次与下属谈话的机会，如果在受到鼓励的情况下，下属说出了自己的不满，领导不要急于反驳，更不要对下属进行批评教育，否则下属会有种在太岁头上动土的不安全感。

另外，在谈话之后，针对下属提出的意见，领导要给出对这个问题的看法和解决办法。否则员工会产生"说了有什么用呢，又不改"这样的心理，再也不愿意进行深度沟通。

一位总经理为了能够听到一线员工的真实声音，多次找下属谈话都没有获得太多的信息。为此，他在公司打卡机附近安了一个意见箱，告诉下属如果当面说不出来就写匿名信，他保证"亲自回复""认真对待"。

他连续给员工发了一周的邮件，鼓励他们说真话。终于在第二周的一个早上，他收到了一封信，内容简短，而且还是针对他个人爱唠叨的问题，对他提出了严厉的批评。

第二天的晨会上，他给那个"不知名"的员工做了口头回复，并且保证说到做到，当下就改。

在随后的一个月时间里，他真的做到了少唠叨，而且又收到不少书面的意见和建议。越来越多的员工愿意跟他说自己的真实感受，一旦发现问题会及时向他反馈。

如果你爱着工作，工作比谁都清楚；如果你爱着员工，员工比谁都清楚。

◇ 学会掌控自己的情绪

当你产生生气、失望、焦躁等各种负面情绪时，其实是身体在提醒你，你当下所处的状态正在偏离这次谈话的主题，你必须抓紧时间"调换频道"。

在谈话中，学会掌控自己的情绪，是让一场谈话继续进行下去的重要因素。作为管理者，如果能够表现得积极、热忱、振奋，在很大程度上，下属也会受到感染，在谈话中带着喜悦之情。

公司的财务主管龚倩最近情绪比较低落，甚至产生了怠工的迹象。老板敏锐地捕捉到了她的变化，试图通过一次谈话发现问题的根源。

龚倩最近失恋了，所以工作不在状态，听说老板找她谈话，故作镇静地敲开了老板办公室的门。她按捺住低落的情绪，跟领导说"一切都好"，并且解释工作上的失误只是一次小小的意外。

老板静静地看着龚倩"表演"，没有拆穿她的说谎伪装。而龚倩还是一眼就看到了老板的不信任。

龚倩："这次失误，真的只是一个小意外。"

老板："不管怎样，你在公司也做了这么多年，我们是上下级关系，也是朋友关系，遇到什么困难一定要告诉我，我永远支持你。"

龚倩："我最近确实遇到了点事，跟男朋友闹矛盾了。"

老板："这可不像你的风格，是不是还有其他原因？"

龚倩："没有了。"

老板："我听说最近有好几家大公司给你打过电话……"

龚倩一头雾水，这时，她才想起之前跟同事在抱怨公司待遇再不提高的时候，放过一些不恰当的狠话，"分分钟能找到一家更好的公司"之类的，原来有风声传到了老板耳朵里。可是，这些日子她的情绪低落，根本与这件事情无关啊！

老板把玩着手机，笑眯眯地看着她，满脸写着"我已经知道真相，你就别再隐瞒我了"。

龚倩不得不编造了一个谎言，她说："确实有几家公司跟我接触过，但是我都拒绝了他们。"

听龚倩说了"真话"，老板这才笑逐颜开，好像对整个谈话非常满意似的说："既然这样，我就放心了。"

老板"逼供"的手段其实并不高明，因为整场谈话中他的一举一动都"出卖"了他，可他自己浑然不觉。这是很多管理者都容易犯的错误，以自以为是的结果倒推，倒逼着员工撒谎，说一些子虚乌有的事情。到最后看似皆大欢喜，其实谁也不是赢家。

在谈话过程中，如果老板能够不急于"揭穿"龚倩的表现，注意自己的一言一行，发现并掌控自己的情绪变化，或许就不至于让员工失望。

首先，情绪是一个人言谈举止的风向标，一旦发现自己对下属所说的话表示怀疑，就相当于给下属释放了一个信号："我不相信你""我知道你在撒谎"。随后的谈话都会围绕着自证展开，为了证明下属撒谎而引导下属说出一些"例证"，以表明自己的英明和超强的领导力。

然而，这样的不信任换来的只能是下属善意的谎言，为了完成任务而被迫说一些违背初衷的话。

其次，情绪是我们内心真实的反映，当你想对下属进行表扬的时候，如果心存怨气，你的表扬也会显得言不由衷。

不要以为自己强大到能够掩饰一切，更不要相信自己的演技，你的一举一动下属都会看在眼中，他们甚至能把你的表现模仿得惟妙惟肖。

有时候你以为自己隐藏得很好，其实，"气场"已经暴露了你的内心，比你的语言更有说服力。

最后，积极的情绪能让领导充分展现个人魅力，用你所在的"频率"吸引下属，得到你所渴望的结果。下属也能积极回应你的热情，而不至于被动地陷入一种恐慌的状态。

领导的个人魅力就是在与下属亲密接触的过程中建立的，看似下属在向你汇报工作，实则是一个相互的过程——下属也在观察你的表现。在谈话的过程中，如果你能够在下属面前有一个良好的表现，他们会在心里给你默默地打分。

同时，针对你的问题，他们也会从脑袋中调出那个与你的表现相符的答案给你。所以，管理者在谈话之前要调整好自己的情绪，用最好的一面迎接下属。在谈话的过程中，积极倾听自己的情绪，带领下属进入最佳状态，这是有效沟通的良好保障。

◇ 学会迅速拉近与下属之间的关系

参加过拓展训练的人都知道，在进入正式的训练之前，教练通常会安排一系列的破冰游戏，让本来不熟悉的一群人进一步加深了解，也为后面开展的活动做好铺垫。

谈话也一样，通过特殊的破冰技巧，能够迅速拉近谈话双方的距离。

管理者能够与下属单独深度沟通的次数不多，所以，彼此是最熟悉的陌生人。那么，如何在谈话中迅速拉近与下属之间的关系，也就是俗称的"破冰"，就成了摆在双方面前亟待解决的问题。

领导与下属的对话，势能是不均等的。从传统意义上来说，领导的势能更高，也就决定了他们是谈话的主导者，是强势的一方。而下属的势能低，他们属于弱者，战战兢兢、如履薄冰，一般采取的是防守策略，不过分暴露自己——谈话中更关注是否有机会离开，三十六计，走为上计。

所以，领导就承担了在谈话过程中均衡势能、迅速拉近

与下属之间关系的责任，成为谈话是否能够速战速决、保质
保量完成的重要因素。

一、通过暴露自己的弱点，敢于展现自己的不完美，能
够获得他人更多的信任。

哈佛大学的研究者曾做过一个实验：让两个竞赛者回答
问题，他们的表现一样，只是其中一个人在结束时失态了，
将咖啡溅到自己身上。随后，参与实验的学生对场景中的两
个人分别给出意见，就得出了一个特别的结论：失态的人更
能引起关注，因为失态使这个人显得更平易近人，没有那么
严肃，也更加人性化。

近年的研究也不断发现同样的效果，缺点和尴尬使人们
能够博取更多的同情和喜欢。太过完美，会给人一种无形的
压力，结果只能适得其反。

在管理中，最忌讳的是上级领导无时无刻不在追求完美
的个人形象，无形中拉开了与下属的距离，让彼此之间横亘
一条无法跨越的鸿沟，自然也不能进行深度交谈。特别是在
交谈的现场，如果不能迅速拉近关系、开展平等的对话，那
么，随后的谈话将会很难进行。

管理者偶尔暴露一下自己的缺点，才会更接地气，员工
才能看到一个立体的领导，而不是高高在上的神。

二、学会讲故事，引发下属的共鸣，拉近彼此之间的距离。

一家零售公司的销售总监刚参加完一次行业内的交流大会，并且做了一场精彩的演讲，现场的气氛十分热烈。

演讲稿是公司秘书代劳的，听说这个消息之后，他心里别提有多高兴了，于是他满怀喜悦地去找总监。

秘书："听说今天您的演讲非常成功，现场掌声不断。"

总监："是的。"

秘书："那真是祝贺您。"

总监："倒是要谢谢你的稿件，让我说了一个多小时的单口相声，我还从来没获得过那么多掌声呢！"

虽然销售总监说得有些夸张，但是通过幽默的方式点出秘书的演讲稿漏洞百出，让秘书认识到了自己的不足，接下来的"批评教育"，就显得顺理成章了。

三、拿出能与别人"交换"的东西，以真情换真话，这样，才能获得更多有价值的信息。

沟通的本质是一种交换，不管是故事还是情绪、情感等，都可以拿来交换。但既然是交换，就不能妄想空手套白狼或者不等价交换。当我们试图从下属口中获取信息，就需要给对方提供更多有价值的信息，这是拉近关系的关键所在。

有一次，老板跟业务员小马聊天，问起他的主管领导的表现怎样。小马的回答四平八稳，都是一些"主管很能干""他有自己的想法"等客套话。

可是，小马紧皱的眉头却出卖了自己。

老板并没有直接对小马批评教育，而是循循善诱地说了一些自己在打工时发生的事情。比如，那时候他并不知道，如果真的是对一个人好，就应该帮助对方成为更好的人。

小马一开始还犹犹豫豫，死守"防线"。可是，在老板讲完自己的故事之后，他如醍醐灌顶，把自己的情况和团队的现状，以自己的理解跟老板讲了一番。

就这样，老板用自己过去的感受，交换到了小马现在的感受——他虽然是领导，却并没有用权势胁迫小马，这才是有效沟通。

第五课
情绪思维：你的情绪决定你的职位

在日常交际中，如果我们常深陷海格力斯效应，那无疑陷入了无休止的烦恼之中。我们会因此错过路边许多美丽的风景，失去真正的快乐，也无法拥有良好的人际关系。

◇ 请一定远离"愤怒"这个魔鬼

魏兵是一位名副其实的成功人士，公司在他的带领下成功上市了。

虽然魏兵位高权重，可是对待员工几乎一视同仁。他长着一张弥勒佛似的脸，整天乐呵呵的，很多时候大家还没听到他说话就看到他的笑脸了。

魏兵完全是一个白手起家的"凤凰男"，公司内部传说他之所以能够这么快上位，就是因为他脾气好，很少对人发火。当有问题出现，他总是先思考解决问题的办法，控制事态、解决问题，然后再来评判谁是谁非。

谈及好脾气，魏兵说跟他小时候的成长环境是分不开的。他在农村吃过不少苦，之前遇到挫折也会对制造困难的人发火。然而时间久了，他发现这样并不能解决问题，于是渐渐学会了笑对一切。

生活的艰辛使魏兵养成了坚毅的性格，一般的困难和问题都不太能触碰到他的底线。当然，这也有后天养成的因素，他遇到过一位好领导，对他谆谆教导，人生路上给了他不少好的建议。

魏兵说，他记忆比较深刻的一个故事发生在非洲大草原上。据说那里生活着一群脾气比较暴烈的野马，它们的天敌是吸血蝙蝠。这种蝙蝠以吸食动物的血液为生，经常叮咬在野马的大腿上，不管野马怎样狂奔、跳跃，它们死咬不放，一直到吃饱喝足才离开。而脾气暴躁的野马，最后可能会被活活折磨死。

后来，一群动物学家研究发现，蝙蝠在野马身上吸食的血液其实很少，根本不足以让野马丧命，真正导致它们死亡的是被蝙蝠叮咬之后的狂躁和暴怒。

德国古典哲学家康德说："生气是拿别人的错误惩罚自己。"科学研究证明，不管是动物还是人类，当被急躁、愤怒等负面情绪支配时，容易产生神经症性的病态反应。发怒的时候，怒火也许会殃及他人，但在更多的情况下，它烧得是发怒者自己。

据此，心理学家将生活中因为芝麻点大的小事而大动肝火，虽然是别人的过失反而伤害了自己的现象，叫作"野马结局"。

美国密歇根大学心理学家南迪·内森的一项研究发现，

一般人的一生平均有 30% 的时间处于情绪不佳的状态，因此，人们常常需要与那些消极情绪做斗争。毫不夸张地说，学会控制情绪是一项很重要的技能，需要用一辈子去学习。

莎士比亚说："不要因为你的敌人燃起一把火，你就把自己烧死。"

晚清名臣曾国藩是一代大儒，他的幕府广纳人才。弟弟曾国荃曾经向他抱怨手底下无人可用，他道出了自己的人才观：完美的人很少，要多看别人的长处；一个人用对了地方就是人才，用错了地方就是庸才。

但是，曾国藩从来不用脾气暴烈的人。

愤怒 60 秒就会失去 1 分钟的心智，人在有情绪时做的决定 90% 是错误的。如果不能很好地控制自己的情绪，就会陷入到"野马结局"中。

宣明是公司的财务总监，他的电脑屏幕上经常闪动着两个红色的大字——"制怒"，他开玩笑说自己在职场上的发展史，就是与坏脾气做斗争的历史。

宣明曾经是一个爆竹似的人，一点就响。后来，他读《人类简史》的时候，得知人类面对外界的攻击时，要么愤而战斗，在逆境中瞬间提高战斗力；要么夹着尾巴逃跑。

也就是说，一个人在碰到问题时的第一反应是愤怒，这是一种本能，也是未开化低能的表现。愤怒被看作一种原始的情绪，它在动物身上是与求生、争夺食物和配偶等行为联系着的。

宣明说，人类是高级动物，自诩主宰着整个地球的文明，怎么能在遇到事情的时候直接用本能对抗呢？于是，他决定做出改变。

宣明在目力所及的地方贴了不少小纸条，时刻提醒自己"制怒"。同时，他还记录自己每一次发火的经过，抓住情绪周期，渐渐地有了规律。一个能够掌控自己脾气的人，就能够把握团队的脉搏——他的点滴变化都被同事看在眼中，大家都对他很佩服。

想要减少负面情绪，就必须正视正在发生的一切，认识到愤怒是一种很正常的情绪，每个人都会有愤怒的时候。不同的是，把脾气发出去是本能，而把脾气压下去是本事。很多成功人士都是在完全接纳自己的情况下，做积极向上的引导者的。

此外，要提高自己的逆商。所谓逆商，是指人们面对逆境时的反应，即面对挫折、摆脱困境和超越困难的能力。就像魏兵那样从小历经生活的磨难，让自己逐渐变得强大，能够引发他产生挫败感的情景就少，愤怒自然就少了。

作家冯骥才说："风可以吹走一大张白纸，却无法吹走一只蝴蝶，因为生命的力量在于不顺从。"在生活当中我们要培养坚强的意志，乐观地看待生活，不要让愤怒迷糊了心智。

加州大学心理学教授罗伯特·塞伊说："我们许多人都仅仅是将自己的情绪变化归于外部发生的事，却忽视了它们很可能也与你身体内在的'生物节奏'有关。我们吃的食物、健康水平及精力状况，甚至一天中的不同时段都能影响我们的情绪。"

塞伊教授还做过一个实验，他在一段时间里对125名被试者的情绪和体温变化进行了观察。他发现，当人们的体温在正常范围内处于上升期时，他们的心情要愉快些，精力也最充沛。

根据塞伊教授的结论，人的情绪变化是有周期的。因此，我们要随时观察并掌握自己的情绪周期，调控自己的情绪变化。当处于情绪低谷时要学会激励自己，发掘自己解决情绪的潜力。同时，也要具有同理心，学会观察他人的情绪变化，这样更容易走进他人的内心世界。

◇ 滚蛋吧，情绪君

老张在公司受到了老板的批评，心情十分不好。回到家中，他看到孩子在沙发上跳来跳去心里更加烦躁，把心中的火气撒到了孩子身上，将孩子痛斥了一顿。

孩子也十分委屈，心里憋着一肚子的火，一脚踢到了在地上滚来滚去、正开心玩耍的猫咪身上。猫咪受到惊吓，从窗户跳了出去，在大街上乱窜，结果被一辆大卡车撞死了。

这就是心理学上典型的"踢猫效应"，指的是对弱于自己或者等级低于自己的对象发泄不满的情绪，进而产生连锁反应。

职场中，每个人都遭遇过踢猫效应。身处部门经理的岗位，如果遭到了分管副总的批评，就会想着把内心的火气发泄出去，于是主管就成了情绪垃圾桶。但是，主管的火气也需要释放，那么，手底下的普通员工就成了受害者。

一环接一环，就像接力棒似的传下去——如果不加以控制，到最后受害的还是我们自己以及整个团队。

人的糟糕心情就像病毒，会沿着等级和强弱组成的社会关系链条依次传递——由金字塔尖一直扩散到最底层，无处发泄的最弱小的那一个元素，则成为最终的受害者。

那么，作为弱势群体，该如何避免受到伤害，聪明地化解一场危机呢？

晴子在咖啡馆做了3年的服务生，有一次，一位先生指着面前的一杯饮料对她大声地喊："服务员，你快过来看看，店里的牛奶是坏的，把我的一杯红茶都给糟蹋了。"

晴子没做任何解释，一面赔不是，一面答应立刻给那位先生换一杯新的饮料。

新的红茶很快就准备好了，茶碟旁边放着新鲜的柠檬和牛奶。

晴子很有礼貌地对那位先生说："刚才十分对不起您，不过我可不可以做一个简单的提醒，如果您要在红茶里放柠檬，就请不要再加牛奶，因为柠檬酸会造成牛奶结块。"

那位先生的脸一下子红了，喝完茶就匆匆离开了，后来却成了咖啡馆的常客。

这本身是顾客的错误，晴子却不动声色地化解了一场矛盾。面对为人处世比较粗鲁的人，我们一方面要学会保护自己；另一方面不要做激烈的争辩，因为真理是永远不会变的——掌握真理的人不需要咄咄逼人，与其用气势来压人，不如用和气来交一个朋友。

有一个朋友把她的家取名为"静心小筑"，她希望每个走进她家的人都能收拾好自己的心情，把坏情绪留在门外。这么多年来，她一直严格要求自己，就连她老公也跟着养成了良好的习惯，一家人其乐融融，门里门外形成了两个世界。

美国社会心理学家费斯汀格指出："生活中的 10% 是由发生在你身上的事情组成，而另外的 90% 则是由你对所发生的事情如何反应所决定。"

也就是说，一件事情最终的结果是好还是坏，好到什么程度或坏到什么程度，10% 由事件本身决定，剩下的 90% 则由一个人的情绪、态度和应对方式等决定。

"我"是一切的根源，要学会与坏情绪绝缘，90% 的决定因素在"我"，因为生活是一面镜子，如果你对它微笑，它也会回报你微笑。团队合作中，面对自己的坏情绪，要学会自我消化，不迁怒于人；面对别人的坏情绪，事事要换位思考，学着理解，并给予对方一定的帮助。

鲁哀公问孔子："弟子孰为好学？"

孔子对曰:"有颜回者好学,不迁怒、不二过。"

鲁哀公问孔子他的哪个学生爱好学习,孔子很推崇颜回,因为他好学,又从来不把自己的怒气转移到别人身上,也不重复犯同样的错误。

提出"格物致知"思想的大师王阳明也指出过交朋友的四个要点:真诚、谦逊、不迁怒、不直斥其过。

关于"迁怒",他直接指出:"怒所不当怒,是怒鬼迷。"不该发怒的时候发怒,就是鬼迷心窍。

不迁怒是一个人非常重要的品质,自己生气不要拿别人当出气筒。比如父母吵架,不要在孩子身上找问题;在工作中被领导训了,不能把一些罪过都算在团队成员的头上。这些道理看似很简单,却需要时时警醒。

人类内部也有弱肉强食的食物链,不管社会等级如何,每个人都是"踢猫效应"这个生态链条上的一员。所以,我们不要把负能量传给身边的人,同时也要洞察世事,关键时刻要学会"装聋作哑"。

历史上有两个不知名的太监,在马皇后的帮助下成功地避开了明太祖朱元璋的迁怒,捡回了性命。

据说,白手起家的朱元璋当上皇帝之后,有一次在后宫与马皇后嬉戏,一时间得意忘形,一拍大腿跳了起来,高兴地说："没想到我朱元璋也能当皇帝！"他手舞足蹈的样子非常难看，让人不由得联想起他卑微寒酸时的样子。当时，朱元璋俨然忘记了旁边还站着两个太监。

过了一会，朱元璋出去了，马皇后立刻把那两个太监叫到跟前说："等皇上回来，你们一个装哑巴、一个装聋子，否则会没命的。"

对于如此性命攸关的事情，两个太监自然言听计从。

朱元璋走在外面越想越不对劲，自己刚才太失态，万一被两个太监传出去，斯文扫地，岂不是很没面子。他急匆匆从外面赶回来，把两个太监叫到跟前，一问才知道他们一个是聋子，一个是哑巴，这才放过了他们。

可见，在人际交往中，如果避不开对方的锋芒，那就要学会装聋作哑，假装听不见对方的暴怒。不在对方生气的时候针锋相对，更不以讹传讹，这样就能减少一场冲突，在一定程度上避免"踢猫效应。"

当然，作为团队管理者，一定要加强个人修养，不能因为一点小事就乱发脾气——从源头上将"踢猫效应"扼杀在摇篮中，这才是最好的方法。

◇ 别对下属放狠话

古希腊有一个神话：有一天，大力英雄海格力斯走在坎坷的小路上，被一个像袋子一样的东西挡住了去路。他一脚踩上去，试图毁灭路障，没想到"袋子"不但没有被踩破，反而因为受到外力而逐渐膨胀。

海格力斯力大无穷，行走世界还没碰到过对手。他不服气，顺手操起一根粗棍子打在"袋子"上，他以为这样致命的一击必定会让"袋子"爆破，谁知道它像吹了气的气球，逐渐变大，把路结结实实地堵住了。

海格力斯黔驴技穷，累得气喘吁吁。正在他纳闷的时候，一位圣者走过来，连忙劝阻他："这个东西叫作仇恨袋，你越是对它发脾气、惹恼它，它越是会膨胀变大，不让你得逞。反之，如果你不搭理它，它就会乖乖地保持原有尺寸，一动不动。"

由于误解或嫉妒，两个人之间有了矛盾，这时候，如果你想报复对方，就会加深对方对你的仇恨，有可能让对方挖空心思地加害于你；如果你还不善罢甘休，对方就会更加恶毒地报复你。

在这个过程中，你心中的敌意越深，对方对你的报复可能就会越狠毒，直到两败俱伤。这样的现象延伸出来就是"海格力斯效应"，诸如"睚眦必报""以眼还眼、以牙还牙""以其人之道还治其人之身""你跟我过不去，我也不会让你痛快"等等。

在日常交际中，如果我们深陷海格力斯效应，那无疑陷入了无休止的烦恼之中，我们会因此错过路边许多美丽的风景，失去真正的快乐，也无法拥有良好的人际关系。

康熙年间，大学士张英收到家中的信件，说老家在盖房子的时候，被隔壁姓吴的一家抢了他们家的一些地盘，家人让他利用自己京官的身份"主持正义"。

张英看完十分生气，立即寄了一封信回家，只有 28 个字：千里修书只为墙，让他三尺又何妨？万里长城今犹在，不见当年秦始皇。

家人收到信之后，立马拆了原来的地基，给吴家让出了三尺。吴家人看到后十分感动，也主动让出了三尺，这样形成了一条六尺的巷子，就是现在位于安徽桐城的"六尺巷"。

面对矛盾，豁达的人总是主动退让一步，人不犯我，我不犯人；人若犯我，我让三分——就是这一"让"，让出了海阔天空，让出了深明大义。

昔日寒山问拾得曰："世间有人谤我、欺我、辱我、笑我、轻我、贱我、恶我、骗我，如何处治乎？"拾得曰："只是忍他、让他、由他、避他、耐他、敬他、不要理他，再待几年，你且看他。"

如果一个人容忍度低、小肚鸡肠，就会陷入到不必要的纷争当中，而不能承担起自己真正的责任和使命。所以，聪明的人从来不怀有报复心理。

程丽在公司里做平面设计，工作多年她一直兢兢业业，保证自己产出高质量的作品。但是，新来的主管处处与她作对，指责她工作慢，还说客户对她的满意度低，甚至向领导提出换掉她。这一切只不过是因为，他手头有不少"便宜又好用"的人可以介绍过来。

程丽很清楚个中原委，她不过是跟主管提了几点自己的看法，他就认定她"不听话"。最近几次临近交方案时，主管让她做了多次修改，最后还是选用最初的版本，从而导致交方案延迟了。

经理找程丽谈过几次话，她客观地向经理描述了事情的始末。主管得知后，却认定她说了他的坏话，并进行恶意的报复。主管对程丽开始变本加厉，出了不少阴招，而她一直专注于手头的工作，只客观阐述事情的原因，并不主动接招。

后来，主管因为在处理一件重要的合作方案上产生了很严重的失误，被公司劝退。程丽用自己的大度和包容心征服了经理，最终被提拔为部门负责人。

职场中，面对所受到的委屈与诽谤，最明智的做法是做好自己的工作，不推波助澜、不跟人斤斤计较，一切不愉快很快就会风平浪静。

不可否认，职场"内斗"是很多老板喜闻乐见的情景，他们认为这样在一定程度上能够激发团队的斗志和狼性。如果"内斗"是良性发展，老板一般会睁一只眼闭一只眼，看着团队像一群求生的鲇鱼一样欢腾，给公司带来朝气蓬勃的精气神。

但是，如果事态超出了老板的控制范围，那么，最后的结果就是所有参与"斗争"的人各打五十大板，谁也别想明哲保身。老板都是"不讲道理"的，他们才不会有心思去搞清楚孰是孰非。

螳螂捕蝉，黄雀在后，斗到最后谁都不是赢家，还有可能成为别人的一颗棋子。当团队出现不和谐的声音，总要

有一个聪明的人先学会喊停，防止事态往不可收拾的地步
发展。

常在河边走，哪能不湿鞋。人生不如意事十之八九，面
对突然而来的诽谤，孔老夫子很多年前就把道理讲给了我
们，他说"以直报怨、以德报德"，用自己的正直面对他人
带给我们的一切烦扰。

面对别人的诋毁，我们依然要保持正直、善良，即便做
不到别人打了你的左脸、你把右脸也伸过去的境界，但是最
起码可以做到不搭理，免得跳进小人设下的圈套，得不偿失。

◇ 有时候，你也要适度地发泄一下

自从"佛系"一词在网上广泛流传，戴超就主动对号入
座，发现办公室里跟他一样的"佛系员工"越来越多。以前
早上到了公司，大家见面还彼此问个好，如今都生怕太有存
在感，打完卡都默默地坐到自己的工位上，开始演绎一天的
"默片"剧情。

戴超来公司差不多快一年了，其实他刚来的前半年里并

不是这样的——他工作积极，做什么事情都冲在最前面，有问题一定会第一时间说出来，并找到解决办法。

奈何部门经理是一个多疑的中年男人，做事拖拖沓沓，又不愿意承担责任，让大家一致认为"干多干少一个样"，也没了往日的干劲。

每当开例会的时候，经理问大家有没有问题，所有人一边在心里吐槽，一边异口同声地表示没有——上次那个提问题的员工已经被辞退了，赤裸裸的教训就摆在那里！

在这样"一片祥和"的氛围中，部门看起来十分和谐。然而，戴超明白，好员工要想在这里生存下去，是一件非常艰难的事情——就像死海一样，海里的水分被蒸发掉了，盐分越来越高，在这种浓度下，正常的生物不容易存活。

其实，公司并不真正存在所谓的"佛系员工"，要么是踌躇满志的员工受到打压而郁郁不得志，将自己蛰伏起来了；要么是能耐不大、错误也不大的那种"小白兔"似的员工，他们不愿意离开公司，因为也没合适的地方去。

随着科技的发展，80后、90后等"新新人类"进入职场，这对于管理者的要求也越来越高。如果管理者不能够与时俱进，听取员工的心声，就会在团队内部形成巨大的鸿沟。

当年，以哈佛大学心理专家梅奥为首的研究小组通过一场"失败的实验"得出，要想提高员工的积极性，不仅要给予单纯的物质激励，还要倾注更多的情感。

研究小组进驻美国西部电气公司的霍桑工厂开展实验，希冀通过改善工作条件与环境等外在因素，找到提高劳动生产率的途径。他们在工厂选定了6名女工作为观察对象，在实验过程中不断改变照明、工资、休息时间、午餐、环境等传统管理理论所认为的影响生产效率的因素。但是很遗憾，不管这些外在因素怎么改变，试验组的生产效率一直未提升。

与此同时，为了提高工作效率，工厂还请来了包括心理学家在内的各种专家，在两年的时间内跟全体工人谈话两万余人次，耐心听取工人对管理人员的意见和抱怨，让他们尽情地宣泄情感。结果，霍桑工厂的工作效率大大提高。

无心插柳柳成荫，心理学家把这种奇妙的现象称为"霍桑效应"，就是当人们在意识到自己正在被关注或者被观察的时候，会刻意改变一些行为或者是语言表达方式。

人的负面情绪是遵循能量守恒定律的，此一时压制下去，彼一时一定要找到合适的发泄通道，否则会憋出"内伤"。

美国哈佛大学一项研究表明，与那些压抑情绪的人相比，适度发泄情绪的人发生致命性心脏病的概率几乎是前者的一半，而中风的概率也比前者低。所以，发掘情感发泄渠道，随时排除体内的压力，就像清空垃圾桶一样——放空，才能容纳更多的情感。

调查表明，一半以上的上班族都表示，他们在办公室有过愤怒的情绪，但是大多数情况下他们都会选择忍气吞声。即使会烦躁、郁闷好一阵子，为了团队和谐、为了给领导一个好印象，他们也会把自己变成"佛系青年"。

然而，这种委曲求全的状态并不能长期维持，特别是当一些馊主意影响了整个工作进程的时候，不妨做一个职场刺猬，扎一下一切让自己感到不爽的人和事。

职场刺猬法则一：少用无关紧要的形容词，用真实确切的数据表达后果。

李娜经常拖团队的后腿，每天早上9点钟开会，她总会姗姗来迟，让其他同事等她一个人。有同事提醒她，她毫不在乎地说："我进去的时候不还没开始吗，又不影响会议。"

有一次，主管提醒她注意下时间概念，她当下掉了"金豆子"，哭着说自己不是故意的，怎么可以受到如此不公平的待遇。

这是典型的"妈宝"，不管在工作中还是生活中，所有人都得为她让路、宠着她。可是，新来的经理是个雷厉风行的女侠，李娜第三次迟到的时候，经理根本没有等她，而是直接开始了会议，让她一个人灰溜溜地入场。

经理看了看表，说："我们部门一共是 5 个人，你迟到了 3 分钟，也就是说你浪费了我们 15 分钟的时间。这个会议前后不过半个小时，你自己就消耗了一半……"

经理只是跟李娜算了一笔"时间账"，她的脸色就非常难看。随后经理把焦点收了回来，对她置之不理。

职场刺猬法则二：抓住重点，不为鸡毛蒜皮的小事而生气，以防变成喋喋不休的"祥林嫂"。

大事不糊涂，小事不计较。如果下属弄丢了你的工作笔记，里面没有记录特别重要的文件，就不要轻易把怒火发泄出来，显得为人不够大度。然而，如果下属弄错了一组关键数据，这时候一定要让他长记性。

批评教育也是有禁忌的，你可以指出下属不小心、不用心、不仔细等主观方面的缺点，但是千万不可以用"笨蛋""脑子不好使"等侮辱人格的语句。

职场刺猬法则三：遇到令人很气愤的事情，请先默念"咒语"，再选择适度发泄。

美国心理学家欧廉·尤里斯曾经总结出"平心静气三法

则"：降低声音、放慢语速、挺直胸膛。当遇到糟心事时，请立马停止讲话，深呼吸，这就能让人恢复部分理智。

或者就像《武林外传》中的郭芙蓉那样，双手合十、闭目默念："世界如此美妙，我却如此暴躁，这样不好、不好。"博自己一乐，也不失为一个好方法。

身在职场，遇到困难不做鸵鸟，以为把头插进沙子里看不见问题便没有烦恼；也不走"佛系路线"，认为外界环境的好与坏都可以"随缘"——不要将自己封闭在自我世界中。

在困难面前要做一只"刺猬"，适度地发泄自己的愤怒、释放内心的怒火，让别人意识到自己的不足并去改正不足，这样就能维护一个良好的工作环境。

◇ 习得性无助者有救吗

试用期 3 个月之后，其他实习生都毫无悬念地转为正式员工，陈颖却被分管副总裁叫去训话，大概意思是对她近期的表现不太满意，于是决定延长一个月的试用期，希望她能好好表现。

一起进公司的李佳听说这个消息之后，安慰了陈颖一会，紧接着就帮助她梳理工作，希望接下来的一个月她能够尽快把握工作节奏，抓住工作的关键点。

但是，陈颖却一直不停地抹眼泪，绝望地说："我不行的，我尝试过很多次，这已经是我第 3 次在试用期被公司劝退了。"

这次延长试用期对陈颖的打击很大，她一直萎靡不振，李佳根本没法跟她正常对话，想帮她也无从下手。第二个星期，陈颖没打招呼就离职了。

如果一个人彻底放弃了自己，不管外界给予多少积极正向的鼓励，也不能燃起他内心的火焰——就像一个跌进深谷拼命喊"救命"的人，如果不伸出手，他人想要拉你一把都无从下手。

每个人都会遇到这样的人生低谷期，特别是经历了一连串的打击，被生活虐得体无完肤的时候，我们就会产生很强烈的心理暗示："我不行。"然后像一只受伤的小猫咪，躲起来舔舐自己的伤口，两耳不闻窗外事。

但你俨然忘记了，人生之路就像心电图，有起伏才是健康的常态表现——如果是一条直线，那就说明你已经挂了。

这一现象在心理学上叫作"习得性无助"，因为重复的失败或惩罚而造成了对现实听天由命的心理状态。

美国心理学家马丁·塞利格曼曾经用狗做过一项经典的实验：他把狗关在一个铁笼子里，铃铛一响，狗就会遭遇到电击，倒地呻吟、抽搐。多次实验之后，狗就建立了一种条件反射。当实验者打开笼子再摇铃铛的时候，即便没有电击，狗还是倒在地上开始呻吟、抽搐，丧失了逃跑的能力。

笼子里的狗本来可以主动逃避危险，却绝望地等待着痛苦的来临，说明它已经产生了习得性无助，不管是从生理上还是心理上都保持了同步。

生活中，有些人也像那只被困在笼子里的狗，上帝之手就像操作实验的心理学家，不定期给他们一些"刺激"，挫挫他们的威风，好让人们知道谁才是真正的"主导者"。

对于我们来说，如果不能保持十二分的警惕，最后也会像那只小狗一样，陷入对生活的绝望当中。

从前，有一只小象被一根铁链拴在了木桩上，它试图挣扎逃跑，但是它的力量太小，做了很多努力还是被束缚在原地。外面的世界很美丽，可它不得不接受现实，认为自己不可能挣脱。

几年后，小象长成了强壮的大象，它的力量已经足以支撑它挣脱链条，可是它依然不再去尝试挣脱。

这时，困住大象的已经不再是链条，而是它自己。

能够困住我们的，只有我们自己。只要我们自己不放弃，哪怕前路有万般阻拦也不怕。

陷入习得性无助的人，要么会接受命运安排的一切，过着白开水般乏味的生活，将梦想抛诸脑后；要么会陷入绝望，自我攻击或者攻击他人，严重的还可能会产生抑郁症等心理疾病。

不管是在工作中还是生活中，我们都要避免陷入习得性无助状态——要正确认识到失败乃成功之母，活得积极、乐观、阳光；不要画地为牢，将人生蒙上一层阴影。

在感情中，如果经常被恋人劈腿，就会对新的感情产生排斥，总觉得自己还不够好，不配拥有爱情，甚至关上自己的心门。请记住，大多数时候并不是你不好，只是没有遇到让你变得更好的人。

在工作中，因为所做的努力得不到领导的肯定，渐渐地会产生自我怀疑，觉得自己一事无成，甚至产生离职的念头。请记住，如果领导还批评你，说明你还有提升的可能，不如抓住机会，主动承认错误、多请教，把工作做得更好。

一些初创业者，由于欠缺企业管理方面的经验，又太急于展现自己的人生价值、获得社会认同感，通常在面对解决不了的问题时，陷入深深的内疚当中，甚至开始怀疑人生。

创业不易，真正的创业者无非是在看清它的本质之后，依然热爱它。

这样的例子不胜枚举，"习得性无助"与重燃对生活、对工作的希望其实只有一步之遥，就像王尔德曾经说过："我们都活在阴沟里，但仍有人仰望星空。"

出身寒门的学子李谦，从小很努力地读书，但是成绩一直不太理想。后来，他终于考上了一所三流大学，毕业后求职又四处碰壁。在人际交往中，他更是因为身份问题而处处受掣肘。

但是，就是这样一个看似永无出头之日的穷小子，却在生意场中找到了立足之地。他回到农村老家，通过艰苦奋斗独创了新型的农家乐，成就了一番事业。

李谦也曾经自我怀疑过，但是他时常提醒自己，生活可以失望，但是绝对不能绝望。就是凭借着坚强的意志力，他一步一个脚印地走出了一条属于自己的路。

诗人里尔克在《给青年诗人的10封信》中说："所谓的命运是从我们内部走出来，并不是从外边向我们走进。只因为有许多人，当命运在身内生存时，他不曾把它吸收，所以他们也认不清有什么从他们身内出现。"

有时候走出困境，可能只需要一点小小的改变。面对困难，我们需要认清它、了解它，这样才能找到战胜它的办法。

所有的困难都是暂时的，在绝望中的人们容易放大困难，直接将自己判死刑。时刻反思自己是否夸大了问题的严重程度，就像塞万提斯在《堂吉诃德》中所说的那样："我们要梦想那不可能之梦想，做一个生活的战士。"

永远不要对自己说"不"，而是告诉自己再尝试一次。努力不一定会成功，但是放弃努力一定不会成功。如果一件事情的成功率是 1%，那么，反复尝试 100 次，成功的概率至少会上升至 63%，不断尝试就会有奇迹发生。

不要给自己下太重的任务，学会将目标分解，然后庆祝每一次的小胜利——打一针鸡血，并为下一个阶段的努力积蓄能量。

《了凡四训》中说："昨日种种，譬如昨日死；今日种种，譬如今日生。"

下 篇

世界顶级的社交思维课

第六课

墨菲定律：不会带团队，你就自己累

　　当领导把一切成绩归功于你时，你要
主动推出自己的团队，让上司看到你的大
局观，增加对你的信任。而下属看到了你
的担当，自然会对你心悦诚服。

◇ 在工作中，你讨厌什么，偏偏就来什么

张宏被任命为部门负责人没多久，团队内部就有一小部分人出现了不和谐的声音。为首的是工作了4年多的老员工杨舒，埋怨她的工资已经有两年没涨过了，这次必须给她涨工资。

新官上任三把火，张宏给团队内部几个关键岗位的员工已经涨过一次工资，之所以没有轮到杨舒，是因为这两年她的表现平平，没有了以前积极向上的冲劲。

杨舒撺掇两个同事来找张宏谈判，张宏默默地听完他们的控诉，点头说："好的，我知道了。"

张宏深谙职场的"拖"字诀，大事拖小，小事拖无，一切便能迎刃而解。于是，他开始躲着杨舒，办公室的门经常关着，尽量不给她见面的机会。可是，越怕什么越来什么，他们总是在不同场合狭路相逢。于是，她总给他一个狐疑的眼神，他故作镇静地擦肩而过，心里始终有不好的感觉。

果不其然，这天，杨舒在卫生间门口堵住张宏，拉开了

最后一搏的架势……最后，两人闹到上级领导那里，张宏被狠狠地批评了一顿，并且扣了部分年终奖。

你越是不想见到的人，就越是躲不开。

你心里头觉得可能会出现的糟糕结果，真的一定会出现。

事情如果有变坏的可能，不管这种可能性有多小，它总会发生。

这就是墨菲定律。其主要内容包括：任何事都没有表面上看起来那么简单，所有事都会比你预计的时间长，会出错的事总会出错。也就是说，如果你担心某种情况发生，那么它就有可能发生。

墨菲定律的成立，必须具备以下两个条件——首先是事件有大于 0 的概率，其次是样本足够大、时间长、人数多。

提出这个概念的人叫爱德华·墨菲，他是一名工程师。当年，他和上司在做一个实验，将 16 个火箭加速计悬空装置在受试者上方，当时有两种安装方法，其中一种方法可能会导致失败——不可思议的是，大多数人竟然都出错了。

墨菲当时就指出，如果做某项工作有多种方法，而其中有一种方法将导致事故，那一定有人会按这种方法去做。

事情通常会向一个人所想象的不好的方向发展，好像冥冥之中有一双无形的大手在操纵着一切似的。

在整理文件柜的时候，你发现有不少文件已经没有用了，你随手把它们处理掉。然后，很快就会有领导找你要这方面的材料。

部门组织拓展活动，领队千叮咛万嘱咐早上 7 点准时发车。作为一个从来不迟到的人，那天你竟然迟到了，还被领导痛骂了一顿。

而团队管理者张宏采取了避而不见的方法，犹如遇到危险的鸵鸟，把头埋在沙子里，以为看不见问题便不存在。这种自欺欺人的方法，并不是解决问题的正确方法，反而埋下了很大的隐患。

如果你对一件事情表示担忧，那么，要怎样降低自己的焦虑感呢？答案只有一个——解决问题。

如果坏事情要发生，不管概率是多少，它终究会发生，并且会带来很大的影响。这时候，你就要对小概率事件严加防范。

张宏在跟杨舒对峙的过程中，他认定她只是一时闹闹情绪，并不会做出什么过激的行为。毕竟她也是老员工了，对公司有感情，更何况之前也闹过多次，每一次都是"哑炮"。

就因为张宏对这件事情掉以轻心，以为是小概率事件，没有给予太多的关注，最后引发了糟糕的结果。

在工作中，很多重大事件的发生，其实都源于小概率事件。特别是对于安全问题，管理者在掌握墨菲定律之后，更应该加以防范，将危险降到最低。

在职场中，当墨菲定律应验的时候，绝不能由此怨天尤人，产生负能量。因为墨菲定律本质上更多的是为了起到提醒作用，避免发生糟糕的事情。

首先，人们通常会把意外放大，要知道一些所谓糟糕的事情其实并不一定只是针对你——因为别人受了伤害不会统统告诉你，你也不一定都记在心上。

后来盘点此事，张宏沮丧地说自己很倒霉，刚上任就遇到不顺心的事情，一定是老天爷在跟他作对。但他完全忽视了，在前几个月里所有团队成员都很支持他，努力把工作做好，他却选择性地对他们的意见和建议充耳不闻。

其次，意外无处不在，生活本身就是一种冒险，防不胜防的事情经常出现。

托尔斯泰说过："幸福的家庭都是相似的，每个不幸的家庭各有各的不幸。"套用在人生上可以这样说："成功的人生都是相似的，失败的人生却各有各的不同。"

很多人都开会迟到过。平时自己都挺准时的，可那天董事长难得召集大家开一次会，早上你竟然迟到了！

准点到达会场是一种偶然状态，迟到才是必然，因为它受到很多因素的影响。

想到第二天的会议，也许你因太过兴奋睡不着，导致起床晚了。

你本来计划坐公交车，可是久等不来，你就打出租车，可出租车在半道上爆胎了。

也许同事跟你开玩笑说会议取消了，你一大意当真了，再接到电话通知已经晚了。

也许你见义勇为，扶一位老奶奶过马路，耽误了时间。

也许你早早地来到公司，然后悠闲地去楼下吃早餐，吃完后到公司一看傻眼了，原来你记错时间了。

所有以上种种猜测都有可能发生，虽然概率很低，但正是因为这一件件概率很低的小事提高了"意外"的概率，最终导致墨菲定律的产生。

最后，墨菲定律应验时绝对不能沮丧，因为它本身就是一个"流氓"的定律，时间久了，每个人都会中招。

诸如杨舒提出加薪的问题，在职场中非常多见，没准她跟之前的历任领导都提过，最后所有的不满都积压到了张宏头上，就像一颗定时炸弹。这时候就要冷静对待，以不变应万变。

所以，作为一个团队的管理者，要积极推行墨菲定律，反其道而行之——凡事往好的方面想，不要过分关注不好的一面。如果想要推进工作，就要付诸行动，用实践检验真理。

同时，要积极接受现实，坦然面对错误，任何小概率事件经过多次实践都是会发生的。所以，在职场中犯错是很常见的事情，不要因为一次错误而变得畏首畏尾，不思进取。

◇ 不会带团队，你就自己累

人非圣贤，孰能无过。如果有人反复把你所犯的错误拿出来批评，你肯定会不爽，心里头会忍不住抱怨："怎么又说这件事，难道是对我有意见？"没准你还能憋出内伤。被逼急了，你会做出反抗，轻则闹得人际关系不合，重则伤人伤己。

心理学上有一个现象叫作"超限效应"，指的是刺激过多、过强或作用时间过久，从而引起极不耐烦或逆反的心理现象。

当员工在工作中出现错误时，管理者该如何在他们能够接受的心理范围内批评和指点呢？

陈好是一个性格冲动的人，有一次，她把一杯水泼到总经理的脸上，当天就打了辞职报告。

事后，她回忆起自己的所作所为，内心悔恨不已——她后悔这杯水为什么没有早点泼出去，更后悔为什么杯子里的水不是开水。

总经理之前是老板助理，或许是因为长期低眉顺眼压抑得难受，所以上位后对员工极其嚣张跋扈。他"记忆力"特别好，每次有员工犯了错误，都能把对方的老底翻出来，从头到尾唠叨一遍。

都说爱情中情侣吵架不建议翻旧账，其实工作中的翻旧账一样让人反感。

陈好刚来公司的时候，上级指派给她的搭档明确地对她表示："公司给我这么点工资就是不打算让我干活的意思，我是来养老的，你以后有事没事都别来烦我。"

作为一个新人，陈好一时难以接受对方的态度，可她还是尝试着跟他沟通。没想到他直接对她发火，甚至是恶意诋毁、谩骂，把对公司的所有不满都算到了她的身上。

好端端的，被这个搭档这么一"咬"，陈好心里万般委屈，直接跟对方顶了起来，并一发不可收拾。那会，她想过辞职，可是不久搭档就先离职了，总经理劝了她几句，她便留了下来。

陈好本来以为这事就这样过去了，可是每当她在工作中出了差错，总经理就把旧账翻出来，以"警示"她是一个脾气暴躁的低情商员工，最好能控制自己的情绪，多专注于提高业务技能。

终于，有一次总经理的"友情提醒"超出了陈好的容忍度。其实，陈好不是没意识到自己所犯的错误，可是总经理总是有意无意地提起。如果总经理不是恶意针对她，那就是在这件事上两个人没有进行深刻的沟通，一些误会没解开。

在职场中，不管是善意的提醒，还是批评教育，切忌打着"为你好"的幌子来满足自己的口舌之快。

后来，陈好读到大作家马克·吐温听牧师筹款演讲的故事，感觉一下子产生了共鸣。马克·吐温初听牧师演讲，他感觉特别好，心里头计划要多捐一些款。但是，10分钟过去了，牧师还没讲完，他听得不耐烦了，心里很着急，决定少捐一点款。又过去10多分钟，牧师还在滔滔不绝地讲着，他决定不再捐款。好不容易等牧师讲完了，他心里非常气愤，不但没有捐款，走的时候还从盘子里拿了两美元。

哪怕是最有学问的人，面对没完没了的唠叨也会产生逆反心理，做出一些不太文明的举动，可见"超限"在人们的心里是一件多么不能容忍的事情。

人能够集中注意力的时间有限，一般在一个小时之内。所以，在跟客户沟通时，尽量要在前 5 分钟之内吸引对方的注意力，让他们对你所说的内容感兴趣，然后在前 30 分钟到 45 分钟内把重点问题说清楚。这才是沟通的最佳策略。

实际上，这种心理上的逆反在生活中随处可见。比如一个小小的告示牌，如果用词不当，也会激发人们心中的"小邪恶"。

心理学家费尼·贝克做过这样一个实验：在男卫生间放了两块牌子，内容都是禁止涂鸦，但是措辞不太一样，一个语气比较重："严禁乱涂乱画。"一个语气稍微温和："请不要乱涂乱画。"

虽然只有两三个字的区别，结果却一目了然：使用警告语气的"严禁乱涂乱画"的洗手间被涂画得更加严重。

有时候，人们希望通过严厉警告而达到一种震慑的作用，但也正是因为这种过强的刺激引发了他人的逆反心理。

面对激烈竞争的人才供求关系，在工作中，一个人犯了错误，本身就会产生内疚感，处处小心翼翼，诚惶诚恐。这时候，如果上级领导继续采取反复批评的策略，会加重员工的自卑感，觉得领导已经放弃了自己，不管自己做什么都不会被原谅。久而久之，他们索性破罐子破摔，对工作不再上心或者直接跳槽。这样也就谈不上起到教育引导的作用了。

超限效应告诉管理者，做任何事情都要把握火候、分寸和尺度，不管是批评还是善意的提醒，都需要把握分寸，尽量做到自我调节和控制。如果不行，还有以下几点参考意见。

一、打一个巴掌，给一个甜枣。

管理方式分为 X 型和 Y 型两种。X 型管理者认为人性本善，更偏向于通过激励对员工进行引导。而 Y 型管理者则认为人性本恶，一定要通过严厉批评以儆效尤。

如果员工犯了错误，你实在忍不住想要批评，那就在批评的前提下要掌握："巴掌"先行，"甜枣"随后。如果批评太多，会导致员工产生逆反心理；如果给的安慰太多，就起不到警示的作用。

二、就事论事，寻找解决问题的办法最重要，切忌翻旧账。

犯错误并不是坏事，一来能从中吸取经验教训，避免犯更大的错误；二来能磨炼团队意志，养成主动承担错误结果的责任感。最坏的情况是，在同一个地方连续跌跟头，为了防止这样的事情再发生，要带领团队规范管理，梳理标准化工作手册。

◇ 自己没两把刷子，怎么带下属

　　张明的部门领导是一个拥有"蜜汁自信"的秃顶男人，他不止一次地看到秃顶男人对着办公室的铝制门框拨弄他那几根稀拉拉的头发，左顾右盼，给自己一个赞赏的微笑。

　　工作会议上，秃顶男人故作深沉而又开明大义地说："把事情交给你们总是办得不如意，每次都想发火，可是转念又想，如果你们做什么都像我做得一样好，还要我这个领导干什么呢？"

　　张明和其他同事都相视而笑，却起了一身的鸡皮疙瘩。

　　其实，这种"蜜汁自信"在大部分人身上都有或多或少地体现。一项调查研究表明：90% 的商务经理对自己的成就评价超过对其普通同事的评价。在澳大利亚，86% 的人对自己工作业绩的评价高于平均水平，只有 1% 的人评价自己低于平均水平。

　　美国作家戴夫·巴里指出，无论年龄、性别、信仰、经济地位或种族有多么不同，有一件东西是所有人都有的，那就是信念：每个人的内心深处都相信，我们比普通人要强。

即便我们普通得不能再普通，扔到人堆里立刻会被淹没，可是潜意识里我们依然认为自己是带着光环的"超级英雄"，只差一个机会便可以拯救地球：我能力这么强，成为万众瞩目的焦点是应该的，是通过我个人努力而获得的。现在之所以还没成功，是因为地球不适合我生存，地球人太没眼光！

这一心理现象叫作"自我服务偏见"，又称自利性偏差。

人们通常从好的方面来看待自己，当取得一些成功时，容易归因于自己；而做了错事之后常常怨天尤人，容易归因于外在的因素。

追根溯源，这种自我服务偏见的产生主要有两个方面的原因：

其一，记忆偏差处理的副产品，夸大自己的所作所为，看不到别人的付出。

如果你找同事帮忙，对方拒绝了，这时候，你肯定会很生气地想："我帮过他那么多次，他却这样不配合。"事实上，对方可能也帮过你很多次，而你只是选择性遗忘而已。

其二，自我服务动机，我们渴望通过他人的观点获得自我认同和肯定。

我们通过很多努力，不断追求自我认识、自我证实等，寻求相似的观点和论据以达到"自我服务"的目的。于是，我们很容易倾向于支持跟自己观点相似的，而忽略那些不同的声音。

美国一项关于"自我道德和价值"评定的全国调查，要求受试者在一张百分制的量表上给自己打分，得出的结论是：有 50% 的人给自己打了 90 分或 90 分以上的高分，只有 11% 的人给自己打的分在 74 分或 74 分以下。

无独有偶，在早些年的一次盖洛普民意测验中，只有 14% 的美国白人在黑人歧视程度的制量表上打分达到或超过 5 分。可是，在给其他白人打分时，44% 的白人的分值达到或超过 5 分。

由此可见，自我服务偏见是一个很普遍的现象，是一个人脑中根深蒂固的现象。

对于敏感脆弱的个体来说，适当的自我服务偏见行为有助于保护或提高自尊心。但是，如果操作不当，更多的人会陷入一种虚幻的优越感中。

20 世纪 90 年代中期，美国的一名犯人连续抢劫了两家银行，而且是在没有任何伪装的情况下光天化日作案。当警察很快通过面部识别抓捕到这个犯人的时候，他满脸惊讶地说："我的脸上明明涂了隐形药水，你们是怎么看到我的？"

可笑的是，根本没有任何隐形药水，他在脸上涂的是柠檬汁。涂完之后，他竟然连自己也看不见自己了，做出了掩耳盗铃的事情。

虽然这只是一个个例，但是这种"虚幻优越感"却真实存在于我们的日常生活中，让我们产生盲目的自信。

自我服务偏见不仅对个人有影响，还会影响到整个团队的团结。

公司的年终奖数额不等，一般是员工个人月工资的2~5倍。放假期间，周恺约了几个同事聚会，顺便探讨起奖金问题，他惊奇地发现跟自己同岗位的另一个同事竟然拿到了最高水平，是自己年终奖的3倍。

其他同事为周恺鸣不平："我们是不同岗位就算了，你们俩一个岗位，平日里看起来也没啥区别，为什么差别这么大呢？"

周恺心里很生气，自己明明一点都不比对方差，于是捕风捉影地造谣道："听说他的父母跟领导认识，是关系户。"

同事都点头"秒懂"，周恺也长长地舒了一口气。在他臆想的这种不公平竞争之下，自己输掉也是很正常的，总算一时保住了自己的面子。

先不管对方是否是走后门进来的，周恺这种因为自我服务偏见而编造流言蜚语的行为，就已经影响到了团队的和谐稳定。

作为管理人员，要时刻防备下属陷入"自我服务偏见"之中，同时也要警惕自己有这样的偏见行为。

一、要强调集体的力量，只有完美的团队，没有完美的个人。

社会分工越来越细，各家公司的内部也在追求专业化——一个人必须在团队协作的情况下才能完成手头工作，脱离组织谈个人英雄主义的想法，正在被逐渐淘汰。

二、做一个服务型领导，想方设法为下属整合资源，主动为工作中的失误买单，把工作成果归功于团队的每一个小伙伴。

学会放权给下属，让他们大胆去做，并做他们坚强的后盾，这样才能激发团队的斗志，刺激他们不断地创新，从而取得傲人的成绩。

当领导把一切成绩归功于你时，你要主动推出自己的团队，让上司看到你的大局观，增加对你的信任。而下属看到了你的担当，自然会对你心悦诚服。

◇ 让下属无法拒绝你的不二技巧

　　房产公司副总裁把采购部、成本控制部、规划设计部等几个部门的负责人召集到办公室，严肃地传达了董事长的命令："这次售楼部的选址、建设、软装等一切事宜，必须在两个月内完成！"

　　说完，他起身走向休息间倒咖啡，留下他们几人一起商议。待他再回到办公室，其中一位部门负责人代表大家站出来说："我们算了一下工作量，时间实在太仓促了，最起码要两个半月！"

　　副总裁一听，不禁暗自欣喜，因为董事长给他的时间节点是 3 个月，他曾经一度为此头疼不已。此时，他长长地叹了一口气，故作为难地说："那就两个半月吧，可是你们一定要抓紧时间，我这边再跟董事长要求宽限一些日子……"

　　按照该公司以往的建设经验，一个售楼部从建设到装修布置，所需的时间大概要小半年。为了督促下属们完成"看似不可能"的任务，副总裁悄悄地玩了一个心理战术，抢先定了一个接近自己心里答案的时间点，这样就不由自主地把大家的注意力都吸引到这个时间点上了。

这就是心理学上的"沉锚效应"，指的是人们在对某人某事做出判断时，内心都会有一个最初的定位，它决定着整个评估系统的范围。这个"最初的定位"易受第一印象或第一信息支配，就像沉入海底的锚一样把人们的思想固定在某处，使人不会随波逐流。

懂得下锚的人，能够在人际交往中占据主动地位，更容易达成自己的目的。

同事都觉得马红有一种魔力，让人无法拒绝的魔力。如果她想邀请别人一起去吃饭，她总是提前了解对方的喜好，给对方两个明确的选项，然后乐呵呵地说："听说你喜欢吃火锅，我手头有海底捞和唇辣号火锅的优惠券，你想吃哪个？"

锚点太高会直接被拒绝，锚点太低达不到自己的目的。为什么被人们津津乐道的网恋容易"见光死"，因为美颜照片让对方心中锚定了一个很高的点，与现实形成了强烈的反差。

聪明的做法是要么拉长时间战线，多了解彼此，加强心灵的沟通；要么一点点透露自己的真实面貌，给对方一个心理暗示。

阿丽在鞋店工作好几年了，她是一个非常老到的销售员，每当有顾客上门，她从来不问客户"想买什么""有没有自己喜欢的"等，而是先推荐三四款鞋子，然后帮助她们做选择："反正都是要买的，这几双鞋子非常适合你，从中挑一双试试看吧。"

通常情况下，人们都会陷入到"沉锚效应"的温柔陷阱中，一时不好拒绝。也就是说，阿丽先是锚定了你肯定要"买"，接下来就是解决买哪双的问题。

而如果阿丽一开始就问客户"买不买"，那她要解决两个问题，买还是不买，以及买哪双，这样就没有一个锚定点。

聪明的销售员，从来不会给客户太多思考的时间，他们会减少销售环节中的不确定因素，增加客户冲动消费的概率。

有时候，阿丽为了推荐一双比较贵的鞋子，她会拿出一双更贵的鞋子，坦诚地说："贵的并不一定是最合适的，还是另外一双比较适合你。"大多数顾客都会被这样"真心为自己着想"的售货员所感动，爽快地掏腰包。

在职场中，跟领导谈加薪的事情，其实也是一场关于锚定的博弈。

在你找领导谈加薪的事宜之前，不妨事先给自己设定一个"锚"，也就是你心里的目标值。谈判时，先下锚确定范围，接下来你们的谈判就会围绕这个锚来进行。

在人力资源市场，跳槽能够换来的薪资涨幅约在20% ~ 30%，所以，很多人愿意通过跳槽来实现加薪。但是，公司内部的涨幅绝对没有这么高，因为在内部谈涨工资的事情，公司的锚点是你刚入职的水平，显然比较低；而如果你选择跳槽，那么，锚点就变成了你现在的工资水平。

通常来说，公司给员工加薪的参考标准，是市面上同类岗位薪水的平均值，加上公司人力资源的成本，再加上你的工作能力，这样就形成了一个平衡点。所以，提加薪的时间点最好是在工作取得一定成绩的时候，为了不让公司把锚点定在你入职的水平，你必须抢先一步设下自己的锚点，也就是市场价。

鲁迅在《无声的中国》中说："中国人的性情总是喜欢调和，折中的。譬如你说，这屋子太暗，须在这里开一个窗，大家一定不允许的。但如果你主张拆掉屋顶，他们就会来调和，愿意开窗了。"

这种先提出很大的要求，让你心里没法"锚定"，紧接

着再提出一个相对合理的要求，便达到了妥协的效果，建议
被采纳。

　　作为一个团队管理者，自身角色的锚定也非常重要。如
果你是一个滥好人，那你就要做好"不能得罪"团队成员的
准备，因为从一开始他们就给你定了老实、好说话、不懂拒
绝的个人特色。一旦你的热情度稍有减弱，他们就会跟你谈
"不公"，感觉自己在团队中受到了冷遇。

　　如果一开始你就选择做一个特别严厉的团队领导，起初
磨合的过程中可能会有些不适应，他们也会给你锚定一个不
容易相处的角色。不过，在后来的相处过程中，只要你稍微
对他们好一点，就会超出他们的期望，他们一定会给你很高
的评价："虽然做事很苛刻，但为人还是不错的。"

　　善于利用"沉锚效应"的人，能够在人际交往中游刃有
余，不会轻易被拒绝。但是，对于被套牢的一方来说，并非
好事。

　　特别是对于经常要做决策的管理者而言，为了做出客观
的判断，必须要从沉锚效应中跳出来，理智看待他人所提的
观点。最好的办法是先"让子弹飞一会"，别忙着下定论，
给自己争取更多的时间和空间，寻找证据、查询资料、多与
团队沟通等。

◇ 所有失去的，原来都是在意的

　　总经理助理竞聘大会是公司的一件大事，这天，全公司的高管聚齐，气氛显得有些紧张。所有人都觉得曹越这次是志在必得，其他几个同事都是陪跑的。甚至，总经理已经私下发话了，只要这次竞聘他表现良好，在董事长面前还过得去，升职事宜自然水到渠成。

　　然而，轮到曹越上台时，不知道怎么的，他心里一直在提醒自己：千万不要忘记那些关键数据。

　　那些数据他可都是烂熟于心的啊，怎么会鬼使神差地"提醒"自己别弄错呢！念念不忘必有回响，果不其然，讲到具体数据的时候，他竟然忘记了，尴尬地翻看资料，还是搞错了两个地方。

　　这次竞聘对曹越来说太重要了，导致他太过紧张而临场发挥失常，错失了一次晋升的机会。

　　有时候，越在意、越想得到的东西，通常越容易失去。

美国有一位著名的高空走钢丝表演者，在一次重大的表演中，他不幸失足身亡。事后，他的妻子说："我知道这一次可能要出事，因为上场前他总是不停地说'这次太重要了，不能失败'。以前每次成功的表演，他总想着走钢丝这件事本身，而不去管这件事可能带来的一切后果。"

这位去世的表演者叫尼尔·瓦伦达。

后来，人们就把不能专注于事情本身、患得患失的心态叫作"瓦伦达心态"，即"瓦伦达效应"。

有科学研究进一步证实了瓦伦达效应：美国斯坦福大学一项研究表明，大脑里的某些虚幻图像是会像真实发生的那样刺激神经系统。

击球前，高尔夫球手一再告诫自己"不要把球打进水里"时，他大脑里就会出现"球掉进水里"的情景，这时候，大多数情况下球真的会掉进水里。

"认真你就输了！"这句话火遍网络，其实就是在提醒我们，对任何事情的执迷与追求可能都会得到适得其反的作用。只有全心全意地为梦想努力，而不过分关注结果，才能避免"瓦伦达效应"。

对于毕业班的学生来说，如果太想要高分，就会给自己太多压力，在面临真正的考试时发挥失常。

对于正在奋斗之路上的年轻人来说，与其盯着结果，不如享受过程，只要一步一个脚印走踏实了，想要的东西也会随之而来。

职场中，团队管理者一定要注意对员工加以引导，避免出现"瓦伦达心态"。

一、要防止过犹不及，特别是对一些新员工来说，他们刚接触社会，内心激情满满，希望通过自己的努力来改变世界。

然而，理想丰满，现实骨感。公司毕竟要盈利，因此制订了很多规章制度，员工难免处处受到束缚——如果不能实现个人抱负，很可能会陷入否定整个团队的消极状态中。

余燕本着对文字工作的热爱，毕业后放弃了自己的专业，投身到了纸媒行业，梦想用文字影响同龄人。然而，彼时正值传统媒体走下坡路，为了盈利，采编人员头上也下了不少广告销售的任务，社长甚至明确指出，采编要对杂志社的生死存亡负责，因为他们是客户比较信任的人。

余燕对销售有偏见，本身也不是做业务的料，所以干了不到半年，内心反差很大。每次跟采访对象提出广告事宜，她都觉得难以启齿，好像胸怀白月光的梦想，却做着下里巴人的事。

余燕记得最后一次被领导批评，说她业绩报表难看，不按照社里的规定在采访中植入营销话术。她心里很委屈，可是手头的工作特别多，没有多余的难过时间给她，她又不得不立刻赶赴五环外的一家经济产业园做采访。对方是业内响当当的大人物，她反复提醒自己不要出错，可是采访过程中还是不止一次叫错对方的名字。

后来，社长还没来得及找余燕谈话，她就把辞职信交了上去。她说自己已经心力交瘁，连最后的梦想也被践踏得一文不值。

物理学家法拉第说过："拼命去换取成功，但是不希望一定会成功，结果往往会成功。"

如果每个人都能专心致志地做好自己的事情，通过努力成为更好的自己，那么，这个世界也就不需要被拯救了。

二、要加强人文关怀，帮助团队进行目标管理、心态管理、健康管理、情绪管理、时间管理等，梳理他们的人生规划和目标，引导他们积极对待人生，看待每一件事情。

"工作狂"的名号对于何杰来说并非空穴来风，有时候为了得到想要的结果，他可以通宵加班。

何杰是半路出家的程序员，凭借着对编程的热爱，自学成才。他说，在专业的道路上他比同事晚了好几年，他不能再随意浪费时间，所以对自己要求十分严格。

何杰的心情很容易理解，长江后浪推前浪，如果前浪不想被拍在沙滩上，必须不断学习。就像查理·芒格所说："有一个相关的道理非常重要，那就是你们必须坚持终身学习。如果不终身学习，你们将不会取得很高的成就。我不断地看到有些人在生活中越过越好，他们不是最聪明的，甚至不是最勤奋的，但他们是学习机器，他们每天夜里睡觉时都比那天早晨聪明一点点。"

然而，何杰这种"只想要完美结果"的心态终于压垮了他，他的身体逐渐吃不消繁重的加班、熬夜，发出了红色警报。

只在乎经历而不在乎结果，说起来容易做起来难，但是每一个员工都必须学会享受过程。作为团队管理者更要善于积极地对下属进行引导。

三、避免工作中的干扰，脑子里不要想这件事成功之后的喜悦，抑或失败之后的垂头丧气。

拥有一颗平常心，把更多的精力集中起来"练内功"，掌握工作技能、人际交往技巧，就能达到熟能生巧的状态，减少工作中的失误。

第七课

人脉思维：你的交友链不只在上层

孔子说："人而无信，不知其可也。"如果一个人不讲诚信，都不知道他还能做成什么事。所谓一诺千金，在人际交往中不要轻易对他人做哪怕很小的承诺，但是一旦做出了承诺，就必须言出必行。

◇ 学习猩猩的"顿悟式交往"

小时候，父母总是提醒我们，要多跟学习成绩好的孩子一起玩，近朱者赤；少招惹那些不学无术的小混混，近墨者黑。

走上工作岗位，有经验的前辈悉心叮咛，要多结交在职场中对你有帮助的人，学会主动看领导的脸色行事，少参加一些无聊的聚会。

找对象了，妈妈又告诉我们，有情不能饮水饱，没车没房的人没能力，金钱是检验一个人成功的重要标准。

作为人生小白，长辈们不厌其烦地对我们千叮咛、万嘱咐，试图把我们引向人生的光明大道。可是，我们又犟又拧巴，总是跟他们对着干，还振振有词地说："做人呢，最要紧的是开心，干吗自找不痛快呢？"

就这样，我们带着一身的刺步入了社会。一番摸爬滚打之后，精疲力竭，梦想离我们依然很遥远。有时候，甚至就差那么一点点也只能望洋兴叹。

三十而立却不立，我们抱头痛哭，一刹那灵光乍现，不觉顿悟：不听老人言，吃亏在眼前啊！

当我们发现梦想近在咫尺，却怎么也实现不了的时候，100多年前有一只大猩猩跟我们同病相怜——它饥肠辘辘，头顶有一串香蕉，近在咫尺却怎么也够不着。

这只大猩猩就是苛勒实验的主角沙尔，它被关在一个笼子里，头顶有香蕉，笼子里还有一只大木箱和一根短木棒。它一开始原地蹦跶，然后试图借助短木棒够到香蕉，可是使了吃奶的力气也无果。它万般无奈，蹲在地上抱头吼叫。就在这时候，它脑中突然灵光乍现，像是得到了神谕似的，直奔大木箱，并且把它拖到香蕉底下，然后它又拿着短木棒爬到箱子上面，轻轻一跳，香蕉到手。

沙尔像打游戏似的，通过了第一关，实验员又升级了游戏参数，把短木棒换成了小木箱。它按照上一次通关的逻辑思维，直接爬到大木箱上，可够不着香蕉，它又开始痛苦、沮丧，这时脑子再次灵光一现，它把小木箱放到了大木箱上，所有问题迎刃而解。

这只是开始，可怜的沙尔随后又接受了不同的实验。一开始，它沿用旧方法四处碰壁，就在它快要放弃的时候，小宇宙总是能够突然爆发，找到解决问题的方法。

这就是心理学上比较有名的苛勒经典实验，又叫猩猩实验。据此，苛勒认为，黑猩猩不是通过试错的方法来学会取香蕉，而是突然学会的。而人和一些高级动物只要运用他们先天具备的能力，就能认识到环境中事物间的关系，顿悟并且解决问题——这个过程不需要依赖任何练习或经验。

罗浩读高中时，一次偶然的机会结交了县城首富的儿子。对方跟他年龄相仿，对读书也不感兴趣，两人一拍即合，合计退学开家酒吧。

彭凯还记得自己劝罗浩不要太激进时，罗浩不屑地说："读书能有什么用！"

罗浩看不起整天只会埋头读书的同班同学，开酒吧之后赚了不少钱，更是不想与那些在象牙塔里"一无是处"的老同学联系。所以，随后的很多年，彭凯再没有了他的任何消息，只断断续续听说他们的音乐酒吧关了门，几个人又开了一家餐厅，还认识了从北京回来的一个很厉害的人物等。

彭凯大学毕业后考上了公务员，通过脚踏实地的努力成了部门负责人，在同学当中也算是小有成就。而罗浩呢，因为餐厅经营不善，开酒吧赚到的钱都赔进去了。后来他辗转外地打工，苦于没有学历，一直找不到体面的工作。多年来，当身边的同学都成为当地各个行业的翘楚时，他却异常落魄。

当罗浩独自走在寂静的街头时，忽然明白人际交往不能总是盯着高处看，也要懂得跟身边的人一起成长，长成他人眼中的"上层人物"。甚至，有时候你也需要结交一些不如你的朋友——给别人提供帮助，这是对自己能力的检验，也是成就自己的一个捷径。

顿悟式交往告诉我们，大千世界的知识太多了，根本不需要把自己当成小白鼠，用宝贵的人生去试错。因为事物之间是有关联的，我们要像大猩猩那样，通过把同类的学识进行迁移，从而激发顿悟。

也就是说，人类是天生自带学习功能的，假如你能够静下来仔细思考，人生中走错的很多路完全能通过本能避免。

曾经听过这样一个笑话。

一名值夜班的护士半夜突然惊醒，这才想起忘记提醒自己看护的病人吃药。她慌忙跑到病房里，摇了摇熟睡中的病人，紧张地说："今天你忘记吃安眠药了。"

如果你是那个病人，一定会把这个笨蛋护士痛骂一顿。但是，现实生活中却不是这样。比如，本来是很好的两个朋友，了解对方的星座之后，立马反目——星座不合、性格不合，是成不了朋友的。

不要以为这是个笑话，我身边就有这种姑娘，用性格测试、星座缘分等给身边的人贴标签。为了防患于未然，就算是已经玩得比较好的朋友，一旦发现测试结果有些相克就会心存芥蒂，把对方当成一颗定时炸弹。

在猩猩的实验中，不管外界条件怎样变化，局限的领域都是"从高处取香蕉"，只是使用的道具不太一样。相同的场景，才能激发猩猩的"顿悟能力"——就像下围棋，老手都有大局观，下一步能想到接下来的几步，甚至更多。而且，他们的复盘能力很强，能够迅速从失败中总结经验，但是新手就不容易获得这样的能力。

在自己熟悉的领域内，人们通过观察，对达到目标途径的提示有所了解，从而在主体内部确立相应的目标和手段之间的关系，这就是顿悟的来源。

为了能够在人际交往中获得顿悟的红利，有以下几点建议。

一、要不断地积累与他人打交道的社会经验，如果只把自己圈于某个小圈子里，等于故步自封。

二、要学会察言观色，别人的一句话、一个眼神往往会透露出很多信息。如果能够敏锐地捕捉到这些，将会获取洞悉社交本质、走进他人心中的捷径。

三、要开拓思维，大胆地畅想社交中的种种可能，广泛结交朋友，这样，才能在关键时刻避免"友到用时方恨少"的窘态。

◇ 你和领导之间，只差一种突破思维

李芳向好友丹丹倾诉人生的迷茫，她说："我现在的处境就像一只被困在玻璃瓶中的苍蝇，看似很努力地朝着光亮的地方振翅高飞，却处处碰壁，累死才发现有光的地方是死胡同。"

李芳今年 28 岁，自走上社会以来就很努力地工作，以致忽视了自己的人生大事，至今还是孤身一人。事业上好不容易有些起色，她所在的传统行业就出现了危机，在互联网的夹缝中艰难地求生存。

社会似乎对于这个年龄段女人的包容性较低，她还没来得及谈恋爱，就被贴上了"剩女"的标签；还没来得及在事业上有所发展，领导就盯紧了她的肚子。

听了李芳的倾诉，气氛一时变得有些压抑，丹丹轻咳了一声，笑说："苍蝇才没你那么傻呢！它们会到处乱飞，虽

然毫无章法，最后一定能找到出路。"

丹丹曾经在一本书上看到美国人卡尔·韦克做过一个关于蜜蜂和苍蝇的实验。

卡尔·韦克把几只蜜蜂和苍蝇分别装在一个玻璃瓶中，然后将瓶子放平，并让瓶底朝着有光亮的窗户，观察蜜蜂和苍蝇的反应。结果是：蜜蜂"认死理"，全部朝着更亮的瓶底方向飞翔，撞击瓶子底部，试图在那里找到出口，结果是累得精疲力竭，最后被饿死。而苍蝇并不在某一个地方恋战，它们把整个瓶子当成自由翱翔的天空，这里不行飞那里，最后竟然找到了瓶口的出路。

虽然蜜蜂和苍蝇都有趋光性，在视力上也不相上下，但蜜蜂是一个有组织、有纪律的群体，它们平时的主要工作就是整体出发寻找酿蜜的原材料，然后准确无误地飞回到原来的地方。然而，正是这种循规蹈矩的生活，形成了它们撞上南墙依然不回头的性格，就算当下环境发生了变化，它们也不懂得变通，最终把自己折腾死。

反观苍蝇，遇到突发的无序情境，反而像野草一样有着更强的生命力。人们形容没有方向、漫无目的地寻找时，常说"像无头的苍蝇一样到处乱撞"，这说明苍蝇愚笨且鲁莽。然而，当外界突然发生意想不到的变化时，正是这种"没有章法"反而成了最好的章法，让苍蝇战胜了困难。

卡尔·韦克总结道："这件事说明，实验、坚持不懈、试错、冒险、即兴发挥、最佳途径、迂回前进、混乱、刻板和随机应变等，所有这些都有助于应付变化。"

查尔斯·达尔文在《物种起源》中也这样总结："能够生存下来的物种不是最强的，也不是最聪明的，而是最能适应变化的。"

本篇文章从这个实验中总结出两点经验。

一、打破偏见，拥抱变化。

在人际交往中，我们总是带着偏见选择自己的朋友圈。殊不知，商业社会瞬息万变，今天你看不起的小鱼小虾，明天可能成为资本追逐的潜力股；那些曾经超豪华的大IP，也可能会一瞬间轰然倒塌。

最常见的是，当你发现自己所处的行业"变天"了，逃避和视而不见都不是解决问题的态度，而是要正视这个问题，不停地学习和探索。比如，曾经一度濒临倒闭的某自行车厂家，随着科技的发展，共享经济的异军突起，忽然又找到了生的希望。

二、突破思维定式，升级思维模式。

如果思维模式是一个人的底层操作系统，知识技能、人生经验等就是一个个应用程序。应用程序可以有很多，但是如果底层操作系统有问题，一切等于白费。

就像在人际交往的过程中，如果自己不厉害，即便是认识再多牛人也只能是海市蜃楼，看上去很美而已。人际交往最本质的是自我修炼，最终实现圈层的升级。

在《穷查理宝典》一书中，查理·芒格反复提及一个影响他投资决策的思维方法——"多元思维"，即不断学习多种科学知识，建立多种思维模式，不断迭代更新"底层操作系统"，应付千变万化的生存环境。

如此，即便是面对突发状况，也能第一时间找到解决问题的办法，既不会像苍蝇一样凭借侥幸活下来，也不会像蜜蜂那样守规矩被困死。

当某个人的职业发展进入瓶颈期，他就如同被放进玻璃瓶中的蜜蜂或者苍蝇，这时候，底层操作系统就显得非常重要。

凯文是从美国留学归来的高才生，刚一回国，就获得了不菲的创业资金，开始了轰轰烈烈的创业生涯。

公司的产品刚有了雏形，他就把业务放手给底下的人去做，自己专门负责对接风投，寻找大金主。然而，互联网行业风起云涌，世界著名的创业聚集地中关村，其孵化的企业能够熬过 3 年的不多，心思没有放在打磨产品上的凯文自然也遭遇到了寒冬。

负责一线产品的经理建议凯文不要把目光仅仅放在有钱的大佬身上，作为互联网产业的从业者，要走到用户当中，结交几个能够对他说真话的一线用户，给产品多提建议。

"寒冬"过后，凯文转变了资本思维的想法，开始以产品思维为导向，着力维护源点用户。他定期在社群中分享产品的更新清单，邀请他们为产品提意见和建议，向他们开放更高权限的账户以及举办线下见面会等。慢慢地，他们成了他最忠实的粉丝。

有了这群铁粉，凯文的创业好像有了根，他的工作做得越细，根扎得就越深。他先前觍着脸追逐的资本大鳄也被他的产品吸引，主动找上了门。

所以，人际交往中，打破偏见、突破思维定式，才能让身边的人际关系更上一层楼。

◇ 缺啥都别缺心眼

公司集体培训，其中有一个互动环节令人印象深刻。

技术部门的张三和人事行政主管李四被点了名，参加一个互动游戏。

培训老师问："现在，假如你们两个人被控告是一桩重大案件的嫌疑人，被关押在两个不同的地方。检察官分别找到你们，问道：'如果你俩都拒不承认这起犯罪是你们干的，那么，你们将被从轻判决，每人获 1 年有期徒刑；假如你俩同时都认罪了，每人将获 8 年的有期徒刑。你们怎么选择？'"

张三和李四异口同声地说："不招，肯定不招，傻子才招呢！"

满堂哄笑。

培训老师又补充道："接着刚才的假设，还有一种情况：如果你们中间有一个人招了，但是另外一个人没招，那么招了的人将被无罪释放，不招的人将被再加刑两年，总共获 10 年有期徒刑。你们怎么办？"

张三抢先一步说："当然还是不招，这样我俩都获刑一年，不会出现太严重的后果！"

培训老师若有所思地说："哦？是吗？"

李四思考了一番，皱着眉头说："这里头有点复杂啊……首先，我们俩被分别关押，根本没法面对面地商量，不串供怎么能确切得到对方的答案呢？其次，假如我不招，对方也不招，每人获刑 1 年，对双方都是最好的结果。但是，假如我不招，对方招了，那么我要获刑 10 年，这个结果太可怕了……"

思维缜密的李四分析得头头是道，一时半会也给不了明确的答案，在座的人都不由得倒吸了一口冷气。

这时候，培训老师又问张三："你再仔细考虑一下，依然坚持'不招'吗？"

张三缄默不语，心里却想：人心隔肚皮，怎么就能断定对方跟自己想的一样呢？

这就是非常有名的心理学实验——"囚犯两难"。当两个人捆绑为一个命运共同体的时候，最能考验彼此之间的诚信度。

显然，如果双方一致抵赖，是对彼此最有利的一个选项。

然而，这时候理性思维已经不能够帮助一个人做出"正确"的选择，除非他们彼此信任，不管发生什么情况，坚决不动摇地选择"不招"。假如有一方对另一方有所怀疑，或者想要借此机会逃避，就可能出现不利于双方的结果。

在这个实验中，不管是张三还是李四，都有 4 种选择：

1. 张三选择"不招"，李四选择"招"，张三获刑 10 年；

2. 张三选择"不招"，李四选择"不招"，每人获刑 1 年；

3. 张三选择"招"，李四选择"不招"，张三免责；

4. 张三选择"招"，李四选择"招"，每人获刑 8 年。

选项 2 是完美的，双方都选择"不招"是大家都满意的结果。

但是，一旦张三做出"不招"的选择，就有 50% 的可能引来 10 年的有期徒刑。如果张三选择"招"，结果就大不相同，他是在免罪和获刑 8 年之间做选择，本质上比选择"不招"的结果明朗很多。

所以，大部分人在经过分析之后就会得出结论：不管他人"招"还是"不招"，我先招了，让自身利益最大化。

根据上面的案例得出这个结论：每一个人都是从利己的目的出发的。所以，虽然有"完美答案"在前，可他们中的大多数依然选择都招认，获得最差的结果。

这就是纳什均衡理论，又称为非合作博弈。

在一场涉及多方利益的博弈中，如果在某种情况下，没有一个参与者能独自行动而增加收益，或者为了自身利益的最大化，没有任何一方愿意改变策略，此策略组合被称为纳什平衡。

囚徒困境就是纳什平衡的典型案例，工作中，这种"囚徒两难"的困境随处可见，比如加班。

很多时候，一个员工之所以选择加班，并不是因为手头工作没干完，而是因为当他打算下班的时候，发现其他同事都没走。他心里就会琢磨：假如就这样走了，老板一定认为我工作不努力，对公司的忠诚度不够。于是，他选择继续待在办公室，跟其他同事一起加班。

这时候就陷入了一种博弈，同事加班之间的博弈——他们为了显得比你更勤奋、工作更努力，在心里跟你较劲，试图做得比你更好。这样就形成了加班这一"囚徒困境"。

再比如，同行业的价格战中，即便双方有过约定不能产生恶性竞争，但是，商业市场永远是兵不厌诈，其中一方偷偷地降了价，一下子获得了大部分的市场份额。于是，另一方也不得不跟着降价加入了博弈战，陷入到了价格的博弈当中。

人性是复杂的，所以"囚徒困境"永远没有一个最好的解决办法。但是，在实际生活中，我们通过认识这一困境，能对彼此做一些妥协——学着站在对方的角度思考问题，为他人着想，多沟通、多交流，尽量减少非合作的博弈。

在平常的团队合作中，如果大家都盯着自己的利益，计较谁干的活更多，那最后谁都不能在团队中获利。人与人的合作是长期的过程，一时的不守信可能会获得一定的好处，但是从长远来看，一定要做到将心比心，争取实现彼此的利益最大化。

对于那些仅仅从自身角度去考虑的人，只想着一锤子买卖，人们了解到他的秉性之后，一次合作不成，下一次再也没人愿意跟他合作了。

爱出者爱返，福往者福来。通过"囚徒两难"的困境，我们也逐渐淘汰掉了那些投机取巧、不怀好意的人，清理了自己的朋友圈，让自己的人脉网得到进一步的升华。

◇ 别让信任成为团队中的"老大难"

商鞅在推行改革法令之前，一度很担心老百姓对他不信任，政令难以推行。

为了解决这个问题，他想到了一个绝妙的方法。他在都城南门放了一根木头，并且下令，谁能把这根木头移到北门就会得到 10 两黄金。

这根木头不重，谁都拿得动。城门口围了一堆看热闹的老百姓，但他们不知道商鞅葫芦里究竟卖的是什么药，认定他是在开玩笑。

商鞅一看，老百姓还是不信任他，于是把赏金提到了50 两。所谓重赏之下必有勇夫，一个胆子比较大的人站了出来，扛着木头直奔北门而去，圆满地完成了任务。

商鞅二话没说，当即掏出了金灿灿的黄金。

这事一下子在老百姓中传开了，商鞅重承诺的形象深入人心。他借机推出了自己的改革策略，并且告诉老百姓只要按照他所讲的执行，一定会做到奖罚分明。

因为有前车之鉴，商鞅得到了大家的一致信任，法令得到了广泛的推广，秦国也因此迈上了一个辉煌的台阶。

这个成语故事叫"立木为信"。就是说，一个人的承诺是他行走江湖的立身之本——信守承诺，先做人再做事，能起到事半功倍的作用。

明城是公司的高管，除了睡觉的时间，一天烟不离手，好在上班的时候他躲在自己的办公室里抽，并不影响他人。有一天，有位女同事跑过来跟他告状，说办公室外的楼道经常有人抽烟，导致她们被动抽了不少二手烟，让领导想办法解决这个问题。

这几年公司发展得快，办公场所人员密集度也随之增加，一旦有人在封闭的办公楼抽烟，导致整层楼都是烟味。明城制订了多个管理规定，可是依然没能解决这个问题——没有吸烟室，总不能上班时间大家都跑到大厦外面抽烟吧？

不抽烟的同事闹得厉害，明城干脆下了禁令：全员戒烟。

整个公司里明城的烟瘾最大，能够戒烟才怪！于是，抽烟的同事都想着法子为难他："如果明城经理能够戒烟，我们也不介意一起戒烟。"

箭在弦上，不得不发，明城索性召开了一次全体会议，带头在会上承诺要戒烟。

　　说来也奇怪，之前他偷偷摸摸地戒烟，费了九牛二虎之力都没能成功，自从下属变成他的监督员，每当他想抽烟的时候就觉得有眼睛在盯着他。为了维护自己良好的形象，他只好放下打火机，没想到坚持了两个多月，终于戒掉了烟瘾。

　　明城在公司戒烟运动中表现出了超强的意志力，影响了公司的一大帮同事。推及工作中，同事们对他更加信服了，简直是一举多得。

　　明城因为践行了自己的承诺，不仅收获了健康的身体状态，养成了良好的生活习惯，而且还提升了在团队中的威信，这比直接的金钱奖励更加重要。

　　早期，心理学家帕拉克曾经做过一项关于推广节约使用煤气的实验，以研究承诺在什么情况下更容易被遵守和兑现。这被人们称为帕拉克煤气实验。

　　帕拉克和他的同事在征得煤气公司允许的情况下，首先了解了当地用户对煤气使用的数量，并且亲自走访了65家用户。研究员向他们科普了有关煤气使用的国家政策，详细讲解了节约煤气的重要性，以及如何节约使用煤气等知识。然后，在经过用户同意的情况下，邀请他们参与实验，并且把他们随机分成了三组。

第一组用户被要求公开承诺自己一定会节约煤气，并且把他们的名字刊登在报纸上向社会公示。

第二组用户只做私下的承诺，告诉参与者不会公开他们节约能源的保证，其他人也不会知道这件事。

第三组用户是参照组，不对他们做任何要求。

经过一个月的跟踪，实验结果表明：进入冬季后，三组煤气使用量都有所上升，这跟季节有很大的关系。但是，公开承诺节约的用户是所有用户当中煤气使用量最低的，节约的能源也最多。

公开承诺是把自己交给大众进行监督，让"爱面子"的人因为面子而不得不身体力行。

孔子说："人而无信，不知其可也。"如果一个人不讲诚信，都不知道他还能做成什么事。所谓一诺千金，在人际交往中，不要轻易对他人做出哪怕很小的承诺。但是，一旦做出了承诺，就要言出必行。

如果要促使自己兑现承诺，公开承诺是一个很好的办法——把自己交给大众进行监督，用一种无形的压力来督促你信守承诺，就像明城的戒烟，以及帕拉克煤气实验中公开承诺节约能源的用户。

在实际操作过程中，还要把承诺"视觉化"，贴在自己随处可见的地方。

著名社会心理学家多伊奇和杰勒德也做过类似的实验，他们请受试者观看一部录像，然后把他们分为四组。

第一组为公开承诺组，他们被要求写一篇观后感，并且签上自己的名字，张贴在公示栏上。

第二组为强私下承诺组，他们同样被要求写一篇观后感，只是不需要签名，也不会被张贴展示。

第三组为弱私下承诺组，他们被要求将观后感写在一块魔术板上，板上的玻璃纸随手就能揭开，字画立即消失。

第四组为对照组，不做任何要求。

这时候，心理学家请来一群假的受试者，让他们当着受试者的面发表了观点一致的意见，然后再请受试者说出自己的观点。

实验结果表明：公开承诺组和强私下承诺组意志坚定，依然坚持自己的看法，没有受到假受试者的干扰。弱私下承诺组其次，他们虽然有所动摇，但是大多数人还是能坚持自己的意见。而对照组很快改变了自己的看法，从众率最高。

由此可见，把承诺写在纸张或者以视觉化的形式公布于众，也会在承诺人内心起到一种帮助作用，让他们在人际交往中信守承诺，诚信做人，巩固人脉。

◇ 来，干了这碗心灵鸡汤

王桂在医院当了 10 多年的外科医生，时常会遇到一些
"奇怪"的病人，尝试多种检测怎么也查不出身体的异样，
可是他们却十分肯定地说身体不舒服，这里疼、那里肿，浑
身的所有器官都在罢工。

王桂回想自己刚入职时，出诊的时候总是很紧张，遇到
诊断不出疾病的情况，她会责怪自己医术不够精湛，愧疚不
已。后来，经过老医生的点拨，她才知道有些病人根本不是
什么生理疾病，而是有心理问题。

有时候，王桂会尝试给病人开一些补药。比如 VC 片，
拆掉盒子，包在另外一个看不明白的纸张或者容器里，一些
病人服用之后"药到病除"，这真是看得见的疗效。

科学家曾经做过这样一个实验，他们在实验对象（小动
物）身上制造疼痛感，然后通过注射吗啡控制它们的疼痛。
如此反复实验了一段时间之后，科学家偷偷把吗啡换成了生

理盐水，令人惊奇的是，实验对象的疼痛竟然也被抑制住了。

所谓安慰剂效应，指的是让病人在不知情的情况下，让他们服用没有药效的补药，但是病人觉得自己的症状得到了缓解，很快就会恢复健康。

虽然截至目前专家对安慰剂效应研究得还不是很透彻，但是有一点很明确，那就是大脑能够影响到身体的生理活动，也即验证了"信，则灵"。

生活中，安慰剂效应俯拾皆是。

春节回家过年，小米终于吃到了久违的手工香肠，不禁感叹道："还是妈妈的手艺好，城里的香肠太难吃了。"

就在这时，小米的弟弟来了一句"神补刀"："这香肠是我朋友公司生产的，为了支持他创业，我买了不少呢。"

当时，身处家乡的小米根据以往的经验判断，给自己灌了一杯无形的安慰剂，强化了心理暗示，并且心甘情愿地被这一假象所迷惑。

面对现实中发生的事情，我们经常会掺杂着很多私人感情，最后得到的结果往往并不是真实情况，而是我们的"自以为是"。

在职场中，如果能够合理使用"安慰剂效应"，不仅能够增强他人的信心，还能收获好人缘。

王二是办公室的正能量小太阳，他不仅能够把握住自己的情绪脉搏，还能随时随地给同事打鸡血，调动对方的积极性，被同事们友好地称为"办公室心灵鸡汤"。

午休时间，王二在公司楼顶的平台上发现了正暗自抹泪的玉秀。在王二的追问下，她抽噎着对王二道出了自己的伤心事：工作连续出错，被领导骂得狗血淋头。她很担心自己未来的发展，有点坚持不下去了。

王二听完她的牢骚，不由得睁大了眼睛，说："不会吧？前几天我还无意中听到领导夸你呢，骂你肯定是在考验你，没准很快就提拔你了呢。你想想，哪个领导会关心一个不思进取的人？"

王二又帮她分析了一番工作上的具体事宜，建议她在工作中一定要主动找领导汇报实际情况，不能解决的难题要及时找领导帮忙等。

玉秀抹干了眼泪，专心致志地听着王二说话，不时地点头，情绪也好多了。

后来，玉秀一改工作作风，凡事勤思考、勤汇报，在几个月之后真的坐上了主管的位置。

王二编造的领导"背后夸赞"，要比面对面的夸奖来得更有力量、更真诚，这一针安慰剂给足了剂量，足够玉秀消化很长一段时间了。

对于新入职的员工，王二也是发挥了老带新的作用，主动帮助他们融入公司。

小刀研究生毕业后，在公司实习了 5 个月之后，放弃许多大公司的 Offer，留下来跟王二做了同事。很多人都不能理解，他为什么要蛰伏在这家小公司。

小刀说他在这里找到了自信，他原本是一个有些自卑的人，还记得自己刚来公司实习的时候，花了一天一夜设计了一个作品，可是自己一直都不满意。王二看到他的作品之后，对他竖起了大拇指，夸赞道："跟之前大家喜欢的设计师风格很像，细节处理得更好了一些呢。"

小刀受到了鼓舞，一心想做"大家喜欢"的那个设计师，也得到了更多的磨炼。

王二通过类比法，给小刀注射了一支安慰剂，让他变得更加自信了。

满足别人的自尊心，再说一个令人信服的励志故事，这是职场"安慰剂"的惯用方法，屡试不爽。

其实，"安慰剂"类似于心理暗示，正向的暗示会激发人体的积极反应。

一个人若是相信某件事情会发生，虽然事实上原本可能发生的概率并不大，但是在这种强大的心理暗示之下，驱使他为了这件事情而努力，最终促使了事情的发生。

小区门口新开了一家水果店，试营业期间做了优惠力度很大的办卡活动，不少人都买了会员卡。

水果店开业之后的一段时间里，并未见有任何异常。可是，某天突然出现了"这家水果店即将要倒闭"的流言蜚语，人们信以为真，纷纷跑到水果店要求退卡，或者购买很多等值的水果。

由于登门顾客太多，水果店应接不暇，一时间还出现了水果缺货的情况。

水果店的经理出来安慰顾客，说这一切都是对面街道上的竞争对手的恶意攻击，还借此机会把矛头指向竞争对手，暗示对方的水果不新鲜、店铺资金链短缺等。

经理说出了行业内的很多秘密，本来是打算给顾客们吃下一颗定心丸，却引发他们对整个行业都失去了信心。覆巢之下安有完卵，大家不信任水果店，生出恐慌心理，将店铺围得水泄不通，最后这家店铺真的倒闭了。

"安慰剂"如果使用得当，会起到事半功倍的效果；如果使用不得当，往往会引发很严重的后果。

第八课

管理思维：方向不对，管理白费

在职场中，如果上级领导在指派任务
的时候能够巧妙地激励下属，他们的工作
积极性将得到提升，甚至将超长发挥。
而对于员工来说，接受别人赞美的同时，
也要给自己积极的心理暗示。所谓心想事
成，内心充满对成功的渴望——这首先已
经成功了一半。

◇ 通过关心抓本质

王娜是星座控，清晨起床之前必须打开 APP 查看自己当天的星座运势，定下这一天的工作和生活基调。

上周她去参加一个社群活动，认识了跟她年龄相仿的陈欣，两人惊奇地发现她们有很多相似点都是源于狮子座。王娜轻快地哼起了歌曲："七月份的尾巴，你是狮子座……"

陈欣忙不迭地附和："我们狮子座女生的性格都是大大咧咧、外冷内热，跟陌生人在一起高冷范儿十足，熟识之后才会知道我们不过是外刚内柔的大猫。"

从那之后，王娜跟陈欣就成了很不错的朋友，她们一起探讨星座，倾诉工作中的烦恼。

陈欣生日快到的时候，王娜张罗着要两个人一起过。在深入研究生日 Party 的过程中，王娜忽然发现生日在 8 月的陈欣竟然是农历生日，照这样推算，她根本不是狮子座。

陈欣一头雾水，依然坚持自己就是狮子座："那些文字描述，简直就是在说我啊！"

每个人都会很容易相信一个笼统的、一般性的人格描述特别适合自己，即使这种描述十分空洞，他们仍然认为反映了自己的人格面貌，哪怕自己根本不是这种人。

在心理学上，这种现象被称为"巴纳姆效应"，除了星座分析，还有血型分析、生肖分析、各种性格测试等，都有异曲同工之妙。

巴纳姆效应是以美国著名魔术师肖曼·巴纳姆而命名的，他在评价自己的表演时，表示他受欢迎的秘诀就在于照顾到每位观众的感受，"永远要让每位观众都感到自己若有所获"。也就是说，他的节目里包含了所有人都喜欢的成分，因此时常有人被他的魔术表演所蒙蔽。

当年，心理学家伯特伦·福勒给一群实验者做人格测试，最后得出两种结论：一种是实验者自己的测试结果；一种是由多数人的回答平均起来的综合结果。他让实验者判断哪一种才是最符合自己的结果，大多数实验者认为后者更能准确地表述自己的人格特征。

当最真实的结果摆在我们面前的时候，我们也更偏向于相信那个综合的结果。这是因为，我们总是会受到外界信息的干扰，不能够正确地认识自己，更不愿意将自己从大众中隔离，做个特立独行的人。

职场中关于巴纳姆效应的应用十分广泛，作为听众很容易被这些含糊其词的赞美所迷惑，如果不能清醒地认识到这点，就会掉进对手的陷阱中。

最近杨洋遭遇了职场危机，事情的起因大概要从半年前说起。当时文字秘书离职，一堆报告材料没人写，他临危受命。

李总把杨洋叫到办公室，先表扬了一番他在工作岗位上的不俗表现："当初面试你的时候，我一眼就看出你是一个能力强、有责任心的人，就是公司需要的人才！"

杨洋微微一笑，心里头有些小得意，全盘接收了领导的赞美。他觉得跟其他同事相比，他就是比较优秀的那个，能力强、企业忠诚度高，只有他才配得上这样的称赞。

李总接着说："公司准备好好培养你，你在其他方面都已经很优秀了，就是对公司的整体运作情况还没有深入地了解，这些日子你就系统地把这方面的材料梳理一下……"

杨洋被灌了一碗迷魂汤，就这样稀里糊涂地接下了文字秘书的活。李总还语重心长地告诉他："好好干，公司不会亏待你的。"

然而，杨洋甩开膀子干了半年，职位、薪水都没有任何变化。他百思不得其解，甚至一度产生自我怀疑：为什么我这么努力，还得不到领导的认可？

后来，杨洋在跟其他同事的交流中了解到，大家都是"公司不会亏待的人"，也都被委以各种形式的重任，拿一份薪水却干着好几个人的活，他并不是独特的那一个。

胡文在公司的统计岗位任职，并通过特定标签了解他所感兴趣的人，比如，直接关系到他职场生涯生杀大权的领导张总。

张总在财务总监的位置上坐了多年，胡文在岗位上工作了半个月后被要求直接向他汇报工作。

为了给领导一个好印象，胡文做了很多"功课"。他在网上看到一份关于职业和性格的第三方网站的测评分析，是经过数千人的调查研究而得出的结果——高层财务从业人员专业能力强、行事谨慎，是一个细节控。因为长期专注于毫无感情的数据，为人冷漠，时常向下属甩一张阴晴不定的"后妈脸"。

不少网友在文章底部留言，纷纷表示这就是对他们领导的最好画像。

胡文在跟张总打交道的过程中，时刻谨记那份测评分析，做事小心翼翼，对领导言听计从，一段时间下来倒也相处融洽。但是，这一切的前提是建立在他绝对服从的基础上，产生的后遗症是他不得不经常加班。

张总是个工作狂，没有时间概念，让手底下的人 24 小时待命。有很多次胡文都被夜半铃声叫醒，张总像霸道总裁一样吩咐："20 分钟内把全部数据给我。"

在职场中，人们不由自主地给权威加光环，认为他们有很多过人之处，甚至神化他们的人生经历。久而久之就会产生盲目感，陷入对领导的盲从之中，从而失去自我。

然而，去掉巴纳姆效应的影响，最真的自己到底是怎样的呢？

首先，知己知彼，正确认识自己，拒绝被一些普适性的语言禁锢个性与人生格局，客观地面对自己。

后来，杨洋毫不掩饰地承认自己是一个"虚荣的人"，他希望通过努力换来职位上的提升或者涨薪。他从来没有把这些跟领导表明，因为他在潜意识里认为，谈钱是一件很伤感情的事。可是，他大错特错了——领导也是人，当然也明白工作的主要目的是名利双收。再说，名或者利总要图一样，为什么就不能体谅下属对职务的迫切需求呢？

杨洋从来没有向领导灌输过他的思想，没能把领导"管理"好，自然也就没法实现"努力就有回报"的神话。

其次，要有对生活的敏锐度，一万个鸡肋似的标签，不如眼见为实。

胡文的上司之所以成为一个工作狂，是因为他为此付出过惨痛的代价。他曾经也是一个不思进取的人，玩游戏、啃老，结果就是，老婆带着孩子离开了他。

后来他逐渐醒悟，一个男人必须有事业，才能够实现家庭幸福，赢得同事和朋友的尊重。所以，他严格要求自己，同时也用苛刻的标准严格要求自己的下属。

当胡文抛却那些贴在张总身上的"标签"，他才真正开始关心张总这个人。为了不给张总的工作增添烦恼，他递交的材料再也没出过错，大大地提高了双方的工作效率。

用心工作，上下级的关系反而变得更加轻松了。

最后，积极主动地与他人进行沟通，听取他人的建议，再消化成自己的认知。

"三人行，必有我师。"不管是对自己还是对他人，兼听则明，偏信则暗。

老子在《道德经》中说："知人者智，自知者明，胜人者有力，胜己者强。"

多关心本质，少被一些莫须有的光环所挟持。在职场中，只有做到"自知"，才能"知人"，才能避免被巴纳姆效应束缚，从而实现自我的人生价值。

◇ 放弃还是接受，这是问题中的问题

妻子下班回来后很生气，第一时间跑回房间换下了新衣服。走回客厅时，她长长地舒了一口气，好像吐出了压在胸口的大石头。

丈夫问她怎么了，她生气地说领导对她的衣着不满，暗示她的裙子太短了，影响不好。

妻子穿的是一套连体裙裤，办公室里的同事都说很好看，对领导的批评她表示很委屈。可是即便如此，那件衣服还是被她收了起来，再也没在办公场所穿过。

本质上，一个人的情感和观念都会不同程度地受到他人下意识的影响，也会不自觉地接受自己喜欢、钦佩、信任和崇拜的人的影响和暗示。这就是皮格马利翁效应，又叫罗森塔尔效应，指人们基于对某种情境的知觉而形成的期望或预言，会使该情境产生适应这一期望或预言的效应。

美国心理学家曾经做过一个非常有名的实验，是关于未

来发展趋势的测验。当年，心理学家罗森塔尔和他的同事来到一所小学，抽取18个班的学生做了7项测试，最后得出一份"最有发展潜力"的学生名单。

为了不影响实验效果，他把这份名单交给校长和孩子的班主任，叮嘱他们务必保密。过了几个月之后再进行复试，名单上那些孩子的成绩都有了极大的提升，性格也变得开朗、自信了。

通过测试，心理学家把对孩子们无声的鼓励、赞美传递给了他们，在这些正能量的关怀下，他们获得了正向的心理暗示，仿佛受到了全世界的鼓励。即便之前可能有过种种劣迹，可是为了不辜负他人的期待，他们毅然选择奋斗，成就自己，避免令他人失望。

在职场中，如果上级领导在指派任务的时候能够巧妙地激励下属，他们的工作积极性将得到提升，甚至将超长发挥。而对于员工来说，接受别人赞美的同时，也要给自己积极的心理暗示。所谓心想事成，内心充满对成功的渴望——这首先已经成功了一半。

古希腊有一则神话故事：皮格马利翁很喜欢雕刻，还爱上了自己精心雕琢的可爱少女。他把雕像当成有血有肉的姑娘看待，给她穿华丽的衣服，每天拥抱她、亲吻她，真诚地希望他的爱能够打动这个美丽的姑娘。

皮格马利翁陷入了单相思的煎熬，他带着丰盛的祭品向神求助，希望神能赐给他如雕塑一样优雅、美丽的妻子。他的真诚终于打动了神，待他回到家之后，他发现那个雕塑开始说话，后来他娶了她为妻。

这个故事告诉我们，虔诚的期望能够产生奇迹。

不管是在工作中还是生活中，你有没有迫切想要达成的目标？有没有非做不可的事？有没有为了梦想而不顾一切的果敢和洒脱？

26 岁的李阳辞去了国企的工作，准备回老家搞农副产品的开发和销售。名牌大学毕业的高才生要回到乡下养鸡、种菜，父母为此操碎了心。

李阳的大学同学小王劝他："有些事看起来很完美，实际上会出现很多问题，而且还是解决不了的问题。"

新闻里经常能看到一些关于大学生回乡创业的成功案例，小王说："成功的只是少数，还有很多没成功的都成了炮灰。"

李阳道出他为这一刻做的各种准备，包括去各地考察、寻找合伙人等。小王又搬出了父母养育他的"不容易"，言下之意要考虑一下外界的口舌之非。

李阳坚定地说："如果你真的想帮我，就不要劝我放弃目标，而是告诉我怎样才能实现这个目标。"

凭着强烈的目标感和坚持不懈的努力，经过两年时间，李阳的养殖场轰轰烈烈地做了起来，并且获得了很不错的成绩。

这个故事告诉我们，不管是做小生意还是成就大事业，最重要的是要有目标感，哪怕万人阻拦，也要坚持自己已设定的目标。就像曾国藩所说："集思广益本非易事，要当内持定见而六辔在手，外广延纳而万流争壑，乃为尽善。"

集思广益本来就不容易，所以决策者要自己有主心骨——要像驾车的人手持六根缰绳那样掌控全局，对外可以广泛地听取各方的意见和建议，但最终还是要像千万条小溪最终汇聚到峡谷之中那样形成自己的主见，这才是最好的。

管理者就是要通过激发员工的"渴望"，从而达成企业的目标。

通用电气的前任 CEO 杰克·韦尔奇就是皮格马利翁效应的实践者。他认为要想管理好一个团队，职位有多高、有多少权力都不是重点，重要的是了解员工对未来生活的畅想，并且激发他们实现自己想要的生活。比如，当员工完成一项工作，他会给员工写便条，以表示对他们的感谢。他有一句名言："给人以自信，是到目前为止我所能做的最重要的事情。"

无独有偶，美国石油大王洛克菲勒的助手贝特福特在南美的投资损失了 40%，他正准备接受批评，洛克菲勒却拍着他的肩膀说："投资额还剩下 60%，感谢你为公司保全了这么多资产，你干得很好。"正是因为受到了鼓励，贝特福特反复总结过去的得失，后来为公司屡创佳绩。

人类天性中最根深蒂固的本性就是渴望得到别人的赏识，改变一个人的想法，那样就能改变对方的工作态度。

在职场中，希望你能遇到一个对你够赏识的老板。如果没有，你可以尝试通过皮格马利翁效应打感情牌，学会提供正向积极的暗示。比如，毫不吝啬地对老板进行夸奖，让他知道你对他的感激、你对公司的认可等。反过来，他也会把更多的赞美给你。

窦蓉在成为主管之前，一直觉得上司总是有意无意地针对她，比如给她分配很多工作，其他同事都早下班了，她还在夜战。为此，她没少怼自己的上司，而上司每次都是默默地听完她的话，丢下一句"我知道了"，战火根本挑不起来。

一年后，窦蓉荣升为主管，走上了管理岗位，手底下带了 5 个人。她本来以为有这么多人帮忙，工作一定会开展得很顺利，更何况他们原来关系就不错。然而，她在岗位上一下子成了"夹心饼"，员工对她颇有微词，领导对她关心不够，她整个人快炸了。

她终于体会到了上司的不容易，并且下定决心做出一系列的转变——从如何分配工作到如何管理上司的情绪，步骤翔实而具有操作性。在这个过程中，她有了很大的进步。

接受老板的赞美，放弃对老板的成见，两者同样重要。

◇ 团结一切能团结的力量

古希腊神话中有一个叫作安泰的大力神，是海神波塞冬与地神盖娅的儿子。他力大无比、百战百胜，可是他也有一个致命的缺点，就是他一旦离开大地、离开母亲的滋养，就会失去力量。敌人得知这个消息之后，设计让他离开了大地，在空中刺杀了他。

一旦脱离相应的条件，就会失去某种能力，这一现象就叫作"安泰效应"。比如，人们常说的"龙游浅滩遭虾戏""虎落平阳被犬欺"等都是这一现象的真实体现。

对于现代社会，安泰效应包含两层意思：一是男怕入错行，在自己不熟悉的领域内才华得不到施展，空有一身本领也终究不会有任何收获。二是女怕嫁错郎，委曲求全地嫁给一个自己不爱或者拖自己后腿的男人，这一辈子都不可能过好。

找到属于自己的"土壤"，才能生根发芽。融入到一个集体，发挥自己的优势帮助别人，同时团结每一份能够团结的力量，发掘可以弥补自己不足的伙伴，才能共同成就一番事业。

曾经看过一个故事：父亲和孩子在花园里玩耍，孩子试图把一块大石头掀开。但是，那块石头很重，他一个人根本没法挪动。他非常努力，以致大汗淋漓，石头还是纹丝不动。

就在他快要放弃的时候，在一旁观察的父亲说："你并没有竭尽全力。"孩子很委屈地说："我已经用了全部的力气，我真的无能为力了。"父亲淡淡地说："你还没请我帮忙，我也是你能动用的'力量'。"

在职场中，如果"孩子"就是我们每一个人，"大石头"就是工作中遇到的难题，那么，"父亲"就是高高在上的领导——那个你可能正在想方设法躲避的领导，正是能够给你人生助力的人。

工作中，我们总以为自己像那个孩子一样，已经用了全部的力气，然而近在眼前的丰富资源却被忽视了，甚至压根没有意识到。

首先，养成"有问题找领导"的良好习惯，给他们"展现自我"的机会。

当我们在工作中遇到任何问题时，请及时跟自己的领导汇报，即便他们不能亲自给你解决问题，但是以他们所掌握的资源和社会阅历，一定能找到解决问题的办法，让你获得事半功倍的效果。

通过一次次地"麻烦"领导，增加了在领导面前的"出镜率"，好感度随之提升。而且，向领导寻求帮助也是对他们的一种信任，他们会因为给你解决了一些问题而获得成就感。

当然，在提问题之前，这问题一定是自己经过深思熟虑的，而且自己心中有几个选项，只是让领导帮忙做选择，或者让他给你提供另外的思路，这才是最妥当的做法。

入职3年的陈坤因为表现良好，实现了职场"三级跳"，一跃成为企划部的负责人。可是，他刚一上任，权威就受到了挑战——几个同事不满意他的管理风格，把他的话当成耳旁风，工作也不能按时完成。

陈坤分别找他们谈了话，信誓旦旦地保证自己一定能带领这个部门实现跨越式发展，希望他们能够认可他、帮助他——他不怕被挑出毛病，前提是这一切都是为集体好，都是出自善意的。他又重新修订了绩效考核，希望从根源上发力，能给大家争取更多的利益，可这不小心触碰到了另外一些人的利益。

陈坤有些焦头烂额，终于做出了最后的决定。他跟公司马总摊牌，说他怀疑自己驾驭不了这支队伍。

坐在圆桌后面的马总忽然开怀大笑："你跟我干了这么多年，所有事情都做得很好，我压根不用操心。对此我虽然很欣慰，可内心也有所期待——如今你终于找我帮忙，我真是受宠若惊啊！"

在接下来的公司季度会议上，马总特别设置了一个非常具有仪式感的环节，类似于过去的"挂帅仪式"，给了陈坤充分的荣誉感。其他同事看到公司这么重视他，心里也多了一分敬畏，再加上马总循循善诱的夸赞，他后来的工作越发顺手。

在职场中，"管理"好自己的上司就包括向他们寻求帮助。如果你什么事情都一个人完美地处理了，这本身就是对领导权威的一种挑战，是团队根基不稳的一个信号弹。

其次，领导之间可以貌合神离，但是在你负责的项目上，必须得到他们的双双认可。

在以项目制为单位的企业分工合作的时候，来自不同部门的同事组成一个临时小团队是很常见的合作方式，普通员工也有机会被委任为项目负责人。这其中难免会出现多头领导分管的现象，遇到事情就要请多个领导点头、签字。

然而，领导之间也并不一定是团结友善的，倘若遇到两个有矛盾的领导，作为项目负责人万万不能束手做"夹心饼干"，或者甩膀子不干——没有条件就要创造条件，以达到推进项目的目的。

杰克是一名非常优秀的商人，有一次他打算包办儿子的婚姻，儿子斩钉截铁地说不需要。他告诉儿子，这个女孩是富商艾伦的女儿，儿子这才欣然接受。

杰克又找到艾伦，说："我要给你女儿介绍一个对象。"

艾伦说："我女儿说现在还不想嫁人呢。"

杰克说："这个年轻人可是世界银行的副总裁哦。"

艾伦为之一惊，赶紧答应了。

杰克又去找世界银行的总裁，说："我要给你介绍一个副总裁。"

总裁摇摇头说："我们的编制已经满了。"

杰克说："他可是富商艾伦的女婿哦。"

总裁欣然答应了。

就这样，有了杰克从中左右逢源地撮合，他的儿子不仅娶到了富商艾伦的女儿，还坐上了世界银行副总裁的位置。

先不论这个故事的真假，而是要反问：为什么起初对杰克的推荐都不感兴趣的两个大老板，最后却能一致地点头同意呢？因为他能准确拿捏双方利益的平衡点。

在职场中，作为普通员工虽然不能做到如此八面玲珑，却也能够从中学到一些东西。当面对"多头领导"的时候，最好的结果是能够团结所有的领导。如果做不到，那就先保证手头项目的平稳推进，否则秋后算账，一棍子打死的还是项目负责人。

向下，团结所有为自己努力的同事，他们是自己的左膀右臂；向上，团结跟自己有关的所有领导，让他们为自己服务。这是安泰效应告诉我们的职场道理。

◇ 手头有满满的干货，心里才踏实

你一定看过网上被广泛转发的一张照片：两个人相对而

立,指着地上的数字争执不下,一个说是"6",另一个说是"9"。

其实,两个人都没说错,只是站的角度不一样,才会有不同的结论。

人们常说,耳听为虚,眼见为实。然而,眼睛所看到的并不一定是真实的,黑林错觉说的就是这个道理。例如,当你的双眼不聚焦时,就会觉得眼前的平行线是弯曲的。

黑林错觉是由德国生理学家和心理学家 E·黑林提出的。这是由于当人们观察物体时,基于经验主义或不当的参照所形成的错误的判断和感知所造成的。

比如职场中,一般来说,如果你穿得标新立异,你的上司立刻会觉得你心智不够成熟,是一个不太靠谱的人,不会轻易对你委以重任;如果你沉默寡言,上司会认为你不善言辞、缺乏沟通交流的能力,团队管理的工作也就轮不到你。

经验主义容易禁锢人们的思想,人们通常对过去所获得的成就沾沾自喜,面对自己认知范畴之外的事情,甚至能产生误解。

电视剧《风筝》中,侦察科长韩冰被俘之后,千方百计地回到了组织,最后却被捕入狱。审查人员咄咄逼人:"你怎么没死?"对啊,其他人都死了,为什么只有你没死,韩冰仰天哀号。审查员是为了全军的利益着想,这也能理解,但被冤枉的韩冰如果是现实生活中的人物，他可能一辈子都没有翻身的机会了。

职场中又何尝不是这样，如果你没法处理好与领导的关系，摒弃他们对你的成见，便有可能遭受一万点伤害。

振华是市场部经理，负责整个市场的营销工作。他的顶头上司总经理和副总裁经常闹矛盾，搞得他不知如何是好。

每当他们指令不一，振华便从公司利益出发，选择一个尽量折中的办法，让双方都有面子。可是，两位领导根本不领情，总经理觉得振华太滑头，不是自己人；副总裁年龄大了，感觉振华对他阳奉阴违，也不喜欢他。后来，副总裁被调走了，总经理接替了他的职务，振华不但没有落到好处，反而第一时间被踢开。

两位领导站在不同的角度评价振华，形成了各自固有的观念，不管振华怎么弥补，都没能逃脱悲剧的命运。

在职场中，每个人或多或少都被误解过，哪怕是两条平行线，因为受到外界环境的影响也会"看起来不平行"，容易产生黑林效应，更何况俗事的是是非非，根本没有一个放之四海而皆准的衡量标准。这时，下属只能通过积极的努力，尽量降低被误解的频次，减少被误解而带来的伤害。

首先，汇报工作尽量以书面或者电子邮件的形式，规范流程，同时也给自己留下一个"证据"，万一有人要拿你说事，直接调出工作来往邮件，流言不攻自破。

课程顾问小于最近被一位家长告到了学校，说小于在销售课程的过程中涉嫌欺诈：她购买的两张课程卡是有使用时间限制的，而小于在销售的时候并没有跟她说清楚。

当着校长的面，小于不管怎么跟家长解释，家长一口咬定就是小于的错，要小于赔偿她的损失。

小于长吁了一口气，幸好她有保存网络聊天记录的习惯。她很快调出两个人的对话，记录显示，当时她跟家长说到了使用期限的事情，可家长自己没注意，疏漏了。

后来，校长赠送了几节课给那位家长，才平息了她的愤怒。小于也从中吸取了教训，当天就把跟所有家长的聊天记录导出电脑，做了备份。

好记性不如烂笔头，虽说害人之心不可有，但是防人之心不可无。

其次，面对误会不要遮遮掩掩，找到当事人把问题讲清楚，免得夜长梦多、节外生枝。

前几年热播的电视剧《我可能不会爱你》中，女主角程又青在提案会上毫不客气地批评女同事 LALA 设计的鞋子不符合少女心，其他同事一脸的疑惑，纷纷认定是程又青报复LALA，因为 LALA 的现任男友是程又青的前男友。

程又青心里很不爽，因为她根本就不知道自己的前男友跟 LALA 走到了一起。面对同事的误解，她直接找到LALA，直言不讳地说："我绝对不是因为前男友才为难你，他对我来说根本不值得一提，而是因为我 17 岁时的梦想是拥有人生第一双高跟鞋，而不是芭蕾舞鞋。"

有些误解能够说清楚，你就千万不要做高冷范——默不作声的好脾气会被他人认为是软柿子，下次还会捏你。

最后，人品要好，要广结人缘，不让他人抓住自己的小辫子，也不在人背后嚼舌根。

虹姐是公司的老员工，几乎每个新入职的员工都要跟她请教公司的点滴事宜，她也能够耐心地给大家讲解，每个同事都对她有几分尊敬。

有一次，虹姐在打印机旁边看到一沓人事部李庆打印的员工工资条，她好心提醒他说这么机密的材料，打印完要随时拿走。但当时李庆并没有放在心上。

后来，员工工资收入在公司内部成了公开的秘密，李庆第一时间把矛头指向虹姐，因为除了他本人，只有她看到过大家的工资条，泄露秘密的只能是她。

虹姐还没站出来澄清，其他同事首先就把她排除了。他们说这个公司谁都可能成为泄密者，只有虹姐不可能做这样的事。虹姐用她平日里积攒的好人缘，使得谣言不攻自破。

当然，人生在世，明枪易躲，暗箭难防，有些谣言真的让人无话可说。这时候，唯一能做的就是静下心来，你会发现外界的一切杂音都源于自己的内心。

《六祖坛经》记载着惠能大师的故事，当年他流浪到广州去修行，当时风吹幡动，一个和尚说是风在动，一个和尚说是幡在动。惠能上前说："你们辩论不休的原因不是风动、幡动，而是你们作为修行人的心在躁动，心不清静啊。"

在职场中，领导最不愿意看到的就是"内部战争"，那些只会给领导制造问题却不能解决问题的人，最后都成了无用的人。

身为职场人，面对同事和领导的误解，专注于手头工作，以不变应万变，用业绩来说明一切，也就平息了领导那一颗躁动不安的心。

◇ 方向不对，管理白费

唐安被调回集团总部还不到两个月的时间，已经收到了很多张"好人卡"。

不可否认，唐安是一个勤劳的 90 后，每天第一个来到公司，主动打扫领导办公室，当天轮值的同事对他感激不尽。办公室里的水壶从来没缺过热水，他一天要关注好几回，生怕别人跟他抢着干活。他跟人自来熟，同事在工作上遇到了难题，即便是帮不上忙的，他也给予对方关注和鼓励。

然而，他的上级领导钱经理对此很头疼。唐安似乎有"多动症"，总是不能专注于手头的工作，分配给他的活要像篮球场上的防守一般死盯着，他才能投入到工作中。当一堆事情来临的时候，他眉毛胡子一把抓，搞不清轻重缓急，最后什么都没做好。

这不，当整个小组都在忙着为下周的品牌发布会做准备工作的时候，唐安还有闲工夫帮别的同事下楼取快递。

钱经理私下与唐安谈话，希望他能专注于手头的工作，不要做一个滥好人，那样对他的职业发展没有任何好处。

唐安十分委屈地说："来集团之前，有经验的前辈叮嘱我说集团总部比较难混，人际关系复杂要多加小心。我本来就学历低，工作经验又不足，心里忐忑不安，只希望通过勤劳来弥补这一切……"

许多初入职场的人跟唐安有着相似的心态，一味地拿勤劳当职场万金油，广结人缘，为自己织一张保护网。然而，即便是人参这么好的补品，吃对了是良药，用错了便是砒霜。

方向不对，努力白费。

勤劳如果用在关键的地方，确实能够起到很重要的作用。然而，毕竟只是锦上添花的举动，真正关键的是紧盯自己的岗位职责——如果不能胜任一份工作，即便再勤劳也只能是一个打杂的，无用武之地。

在工作中，对于有些事物，不在于你对它的作用力大小，而关键在于找准了它的脉搏，起到四两拨千斤的作用。这就是"音叉效应"。

古希腊物理学家阿基米德说："给我一个支点，我能撬起地球。"

多年前看过一部电影，匪徒打劫了一家珠宝店，把偷来的珠宝放在一个防弹玻璃制成的柜子里。主角想尽一切办法，都没法把柜子打开，后来一位兄弟带了一包音叉过去，逐个敲击，终于找到了相同的振动频率，防弹玻璃柜被击碎。

现代营销学上常被提及的"借势营销"，也是为了找到一个突破点，趁着东风快马加鞭。

如今，不管是传统节假日，还是热播的电视剧、综艺节目等，大大小小的品牌都会跟风进行借势营销。有时候是一系列的营销宣传，希望借着"东风"达成"病毒传播式"的效果，找到与顾客沟通的最佳方式，让品牌走得更远。

多年前，张瑞敏在一场演讲的开场白中打了个比方："有很多人说海尔目前在国内还算是一个比较知名的优秀企业，其实，有一句俗话叫作'台风来了，连猪都会飞'，我们海尔就是那只'会飞的猪'。如果不是国家改革开放的市场环境好，我们也很难做到今天的成果。"

后来，小米创始人雷军把"飞猪理论"发扬光大，他说："只要站在风口上，是头猪都能飞起来。"借此寓意，小米把握住了消费者的脉搏，人心所向、众望所归，他们正在做的是一件正确的事——"风口"一词火遍网络，小米精心策划的粉丝经济，为产品打开市场拔得头筹。

由于音叉效应的存在，也有可能产生微小的扰动就带来巨大影响的情况，比如雪崩，能引发一系列不可逆转的灾难，甚至会反复发生。

在职场中，人际关系的"雪崩"也可以通过音叉效应来解释，牵一发而动全身，多年经营的完美人设崩塌，像多米骨牌似的产生连锁反应。

西汉名将韩信跟随刘邦打天下，立下了汗马功劳，可是终因"信任问题"而爆发了危机。在天下大定之后，两人只相处了一年多的时间，韩信就被杀了头，临死时发出哀号："狡兔死，走狗烹；飞鸟尽，良弓藏；敌国破，谋臣亡。"

与韩信同样冤死的还有越国的文种，他帮助卧薪尝胆的越王打败了吴王，可是越王的为人只可共患难、不可同安乐，留下一把剑让文种自行了断。与文种一起打江山的范蠡，虽然没有惨遭杀害，却也过起了隐居生活。

职场中，如果不能认真理解音叉效应，一句不该说的话、一个无意识的举动，都可能葬送自己的前程，之前所获得的成功就会毁于一旦。

武刚跳槽到现在这家公司，是原单位领导 A 介绍的。在新的岗位上，他因为兢兢业业博得了现任领导 B 的喜欢。在后来合作的过程中，B 偶然得知了武刚的"靠山"，这让武刚一直提心吊胆。见此，B 安慰他："我和 A 的关系很好，铁哥们儿呢。"

武刚一颗悬着的心终于放了下来，因为有了这层关系，他工作愈发地卖力了。

有一次，武刚在跟 B 商量工作细节的时候产生了一点分歧，工作上的事情各抒己见也正常，然而他却无意中提了一句："A 说过……"

话一出口，武刚就后悔了，但是覆水难收，他不得不掉转话锋，支持 B 的观点。然而，即便这样，B 还是全程黑着脸。

武刚后来才知道，B 和 A 之前虽然关系不错，但是那段时间正为了各自的利益"打"得不可开交。所以，职场上没有永远的兄弟，只有令人眼红的利益。

在这家公司，武刚基本上断送了自己的职业生涯，即便他还幼稚地坚守着"职业化"的表现，对工作一丝不苟。

这就是音叉效应在职场中的一个负面影响，如果不懂得避开领导的锋芒，撞到了对方的枪口上，那结果会产生涟漪效应——一波接一波的坏消息袭来，整个人便被淹没在这股洪流中。

音叉效应是有两面性的，把握住关键点，既能快速地做好工作，实现职场"三级跳"，又能防止陷入雪崩似的厄运，安身立命。

第九课
有效心理学：步入职场社交的捷径

作为团队中的领导，要做好敞开大门随时欢迎下属的提议，广听能避免思想的片面性，正视自己的虚假同感偏差，将他人提出的反对意见当成是对问题的探索，有利于做出正确的决策和判断。

◇ 世界上最有效的基本功

　　陈顺是一个专业能力很强的职场人，升到市场经理的岗位之后，为了树立领导形象，他行事变得处处小心谨慎、不苟言笑，整张脸上的神经都快被绷断了。

　　可是，自打他上任以来，即便仪式感做到位了，部门的销售数据还是一直不理想。

　　一大早，陈顺把各业务板块的主管叫到一起开会，板着脸听他们汇报近期的市场数据分析。令人头疼的是，负责网络竞价广告投放的主管竟然随意投放关键词，导致广告费用的浪费。开源节流做不到，广告设计也一般，他勃然大怒，会议气氛瞬间降到了冰点。

　　下班后，陈顺约了创业多年的老同学柳钢在商业街见面，准备把酒言欢，可是他怎么也提不起精神。

　　柳钢得知了事情的始末，出其不意地指着沿街几家店铺的商标对陈顺说："你看这几家大公司的 LOGO 都有什么相似的地方？"

陈顺无暇顾及别人的事情，摇头不语。

柳钢也不拐弯抹角，直接点破说："不管是人脸的还是动物的 LOGO，它们都是统一嘴角上扬的笑脸。"

微笑，是人们最舒适的沟通方式。

这是柳钢创业几年来的深刻感受，虽然他的公司一直主打"微笑服务"，可效果还是不太理想。经过再三斟酌，在统一公司视觉形象的时候，他把商标、产品包装、员工服等一切能展示公司形象的地方，都印上了一张张笑脸，竟然很快有客户当面对他们的产品进行表扬。

柳钢说："永远别指望他人通过你那张面无表情的脸，发现你们公司'微笑服务'的宗旨。"

通过面部的微笑吸引客户的注意力、通过微笑服务促进客户消费行为的转化，这是销售的两个步骤。

在心理学上，有一个定律叫"曼狄诺定律"，就是主张人们要微笑，真心实意地用笑脸与他人交往，这样就会发现微笑的巨大魔力。

哈佛大学做过一个关于成功因素百分比的研究，提出一个人要想成大事需要有以下几个能力：专业能力占比 20%，观念占比 40%，人际关系占比 40%。

要想维护好在团队中的人际关系，微笑是必备的技能。

中国式管理追求"大王大、小王小"的理念，阶层观念很强，为了保持威严，有时候领导会故意摆出一张冷冰冰的脸，与下属拉开距离。

不可否认，领导主动拉起屏障确实能够提高他们的威严度，但是团队成员也会因此死气沉沉，上班就像上坟一样。

微笑是最高级的"话术"，如果一个领导能够在适当的时候给员工一个微笑，胜过千言万语。

中国人是含蓄派，不善于把爱挂在嘴上，但微笑是传达爱意的表现，如果能够给员工更多的微笑，就是"爱"最好的表达方式。

微笑具有传染性，科学家发现人们在面对别人的微笑时，也会在自己的大脑中留下微笑的痕迹。同样，一个人带着忧虑或厌恶的情绪，也会在交流对象的大脑中引起相同的情绪反应。所以，你投递出去的每一个微笑，都能得到相应的回应，进而影响他人的心情，团队氛围因此而变得轻松愉悦。

微笑能消除两个人之间的隔阂。为了工作争得面红耳赤，这是职业化的体现，但是要想真的做到"对事不对人"，见面时的一个微笑就是最好的化解方法。

微笑是建立信任的第一步，特别是对刚入职的新人来

说，如果每个人都能用微笑表示对他的欢迎，那他将充分感
受到团队的温暖，主动团结在以领导为核心的队伍中。

在商业活动中，如果能够主动给予对方微笑，也能增强
对方的好感，拉近彼此之间的关系。

微笑能激发工作热情，所谓伸手不打笑脸人，微笑着对
下属的工作表示认同，他们会更加积极努力地工作，创造更
好的业绩。

人无完人，即便是团队领导也有自己的短板。微笑能够
弥补自己的不足，如果你能够用微笑包容下属的不足，下属
同样也能够用微笑表示对你的理解。人与人之间的感情，就
是在这个过程中培养出来的。

只是一个微笑，就能带来这么多好处、解决这么多问
题，何乐而不为呢？

千秋传颂的大唐"贞观之治"，就得益于微不足道的微
笑。唐太宗李世民作为一代名君，在中国历史上有着举足轻
重的作用，这与他开明地听取群臣的声音有很大关系。

话虽如此，起初李世民号召手底下的大臣讲真话的时
候，真正能有胆量站在他面前滔滔不绝的人寥寥无几，这让
他百思不得其解。

宰相魏征点破玄机："陛下是高高在上的天子，经常板

着脸坐在高台上，大臣们见了都很害怕，哪还有人敢讲真话呢？"

魏征劝告李世民在上早朝、处理各种政务的时候不要太严肃，要微笑对待一切。为此，李世民对着镜子苦练微笑，最终得到了群臣的积极进谏。

贵为皇帝的李世民尚且都有这样的困扰，为了能够听取君臣最真实的声音对镜苦练微笑，作为一个现代企业的团队领导人更应该吸取这一优点，努力反思自己的不足，广开渠道，听谏纳言。

◇ "激励" 是个什么东西

冯梦龙在《古今谭概》中讲述过这样一个荒诞的故事，读完令人啼笑皆非。

唐朝皇族有一位后裔名叫李载仁，他脑子不太正常，又非常挑食，特别讨厌吃猪肉。

有一次，家里仆人发生打架斗殴事件，李载仁非常生气，决定要惩罚他们。只见他叫人从厨房拿来大饼和猪肉，让打

架的人当面把它们吃下去，并且发出警告："以后谁若是再
胆敢打架，我一定会在猪肉里面加上酥油，重重地惩罚他！"

遇到这种糊涂领导，团队的小伙伴一定会高兴得手舞
足蹈。

李载仁的愚蠢行为，印证了几百年之后的一个心理学概
念，叫作"虚假同感偏差"。

虚假同感偏差，又叫虚假一致性偏差，指的是人们常常
高估或夸大自己的信念、判断及行为的普适性，它是人们坚
信自己信念、判断正确性的一种方式。当遇到与此相冲突的
信息时，这种偏差使人盲目地坚持己见。

人们总是在不经意间夸大自己主观意见的正确性，甚至
把自己的这一特性强加在他人身上，想象每个人跟自己都是
相同的、想法也相同——如果自己肯定某件事情的结果，他
人也一定会赞同；如果自己疑心重重，周围的人也一定有多
疑症。

这种虚假同感偏差通过不断的心理暗示，强化自己的自
信心，从而获得较强的自尊心和优越感。但是，同时也可能
像李载仁一样带来选择和决策上的错误，令人贻笑大方。

关于虚假同感偏差，我们在工作中经常能听到这样熟悉
的对话。

"以我多年的工作经验来看，你就应该这么干。"

"没有人会像你那样想，太小众了！"

"我的天啊，我以为咱俩心有灵犀，我不说你也知道呢。"

影响着虚假同感偏差的因素有很多种，一般来说可以从以下几个方面捕捉到蛛丝马迹。

一、如果在当前发生的事件中，你自己是当事人或者起着举足轻重的作用，你很难不产生偏差。比如，在做广告销售合同的时候，你写错了一个小数点，导致公司亏损几十万元，你也必须承担一定的经济损失。

在酒桌上，你哭着跟朋友说自己在这个公司的苦劳、诅咒领导狠心、大骂他浑蛋。你坚定地认为朋友会跟你一条心，同情你的遭遇、对领导同仇敌忾，虽然他心里可能并不这么想。

二、如果你对某个问题的答案非常肯定，简直就像掌握了真理一样，你很难想象什么样的"傻瓜"会反驳自己，不由自主地就把他人拉到了自己的统一战线。可别人根本没法判断你的这一"正确答案"是从哪里来的，自然也就没你这样肯定。

三、当一件事情的发生威胁到你的正常工作和生活。比如，公司发生重大的人事变动，本来很有群众基础的你，突然被告知在竞聘中落选了，你就会跟他人抱怨："这帮人都瞎眼了吗？那个人也能上位，一定是有后台的！你也这样认为，是吧？"

四、如果一件事情具有正面积极的影响，所有人都会选择站在"正义方"。比如，你因为见义勇为被公司定义为榜样人物，大家让你分享英雄事迹，你谦虚地说："所有人在那时候都会站出来。"事实上，很多人会选择逃避。

五、你觉得他人跟自己是同类人，自然思考方式也是一样的，这毋庸置疑。比如，你在跨国公司上班，平日工作汇报都以邮件的形式来往。当你想跟朋友分享一些趣事时，习惯性地给朋友发了一封邮件，并期待他能很快回复你。然而，人家平时喜欢用即时聊天工具进行沟通，邮箱早已弃之不用。

虚假同感偏差这种心理现象有两面性，关键看日常生活和工作中怎样去使用。当我们需要自我打气的时候，就会带来积极正面的影响，克服心理压力，给自己强大的精神支柱。

然而，如果这种心理使用过度，就会让人变得骄傲自大。认知与现实有着很大的偏差，当能力支撑不起我们的野心，这就需要调整心态，纠正偏差。

总而言之，一个心理健康的人，需要认识到人这一生有四种境界：把自己当自己、把别人当别人、把自己当别人、把别人当自己。

这就要求我们，不仅要了解自己的优势和短板，更要时刻记得换位思考，千万不要以己度人，这样对待工作和生活都有很大的积极作用。

第一，每个人的想法是不同的，要尊重对方的想法和选择，客观地对待问题，可以增进彼此之间的友谊。假如你是个商人，你会觉得客户很挑剔；可当你成为消费者的时候，就会千方百计地为自己谋利益。

每个人所站的立场不同，自然有不同的利益点。如果彼此能够包容、体谅一些，就会实现"做一笔生意、交一个朋友"的理想状态。

第二，就事论事，团队讨论一个问题的时候，要全方位考虑如何解决这个问题，而不是去声讨谁对谁错、谁是谁非。

所谓屁股决定脑袋，假如你是团队的领导，就不要指望下属能够跟你一拍即合。出于自身利益的考量，他们肯定会提出各种条件，就像《了不起的盖茨比》里的那句话："在你想要评判别人之前，要知道很多人的处境并不如你。"

第三，要真正从别人的角度出发，思考别人需要的东西，才能走进对方心里。

励志成功大师拿破仑·希尔想招聘一名秘书，招聘启事一经刊登，信件如雪片般飞来，大多数的开头如出一辙：看到您在招聘秘书的广告，我希望得到这个职位……只有一封信让他眼前一亮，对方留了电话号码，简单阐述了自己15年的秘书工作经验，随时做好了为他处理招聘信件的准备。

拿破仑·希尔感叹道："懂得换位思考，能真正站在他人的立场上看待问题、考虑问题，并能切实帮助他人解决问题，这个世界就是你的。"

第四，要敢于接受别人的批评，时刻反思自己的不足，这样才能真正换位思考，为他人着想。

作为团队的领导，要做好敞开大门随时欢迎下属的提议。广听能避免思想的片面性，正视自己的虚假同感偏差，将他人提出的反对意见当成是对问题的探索，有利于做出正确的决策和判断。

以己度人容易用自己的主观立场来猜测别人，难免会以小人之心度君子之腹。而换一个立场，站在别人的角度客观地看问题，就容易理解所面对的局面。

◇ 让下属觉得自己重要，这一点很重要

日前，某报发文，从物质中获得幸福的时代已经结束！

这是一个物质极其丰富的年代，占有部分物质很难再刺激我们的感官，让我们获得长久的满足。在新的时代，比起金钱和物质，更重要的是提高精神层面的充实感。

当年，美国心理学家亚伯拉罕·马斯洛在其《人类激励理论》的论文中，提出了马斯洛需要层次理论，将人类需求按层级分为五种：生理需求、安全需求、社交需求、尊重需求和自我实现需求。

如今，越来越多的人把目光聚焦在"自我实现"，人们更加关注对自身生理状态和心理状态的认识和评价，以及自己与周围关系的认识和评价，从而实现一种"精神自由"的幸福感。

就"自我实现"这一需求层次，涌现出一大批心理学著作，其中就包括弗洛伊德提出的"自重感效应"这一重要理论。

所谓自重感，顾名思义，就是感觉自己很重要。进一步说，这是一种接受自己并喜欢自己的感觉，是对自己的认可和热爱。

这一概念能够被大众接受，人们在心理上发生的变化不亚于女人解放小脚的生理变化。因为许多年以来，没有人敢堂而皇之地表示自己"很重要"，我们从小到大接受的教育都是为人要低调，"我不重要""先人后己"等。

这种想法几乎渗透到了我们的基因里，而且心理暗示是一件很奇妙的事情——假如你觉得自己重要，你就真的重要；假如你觉得自己不重要，你就真的不重要了。

然而，天性终究是压不住的，特别是随着物质生活的提高，人们迫切地想搞清楚什么样的精神生活才是最重要的。就像美国实用主义哲学家杜威指出的那样："自重的欲望，是人们天性中最急切的要求。"

20世纪中叶，美国一位监狱长发现了一件有趣的事：那些年轻的犯人在被捕后，首先想到的不是寻求律师为自己辩护，而是钟情于当时的街头小报。因为街头小报会将他们的照片和名人的照片占据同样的篇幅进行报道，阐述他们的"英雄"事迹，而这甚至会使他们忘记自己马上要被处决的事实。

刚出生的婴儿总是经常啼哭，有研究表明，他们这是为了引起父母的注意，以防止父母降低对他们的关注和爱。

人们总爱在社交网站上显摆，调侃说想刷一刷存在感，其实这是因为担心太久不露脸而被遗忘，外表风光、内心仓皇。

女人跟男友闹矛盾，总喜欢折腾出各种事，一哭二闹三上吊，不过是为了让男友给予自己更多的关注。

这样的例子俯拾皆是，不管我们有没有意识到，自重感对于我们并不陌生。被外界认同和尊重，这是人类的共同需求，这种需求就是自重感。

心理学家通过研究表明：你不仅要自认为很重要，还要让别人觉得你重要，这很重要！

因为人们总是极度重视他人的看法，所以，在人际交往中，情商高的人都能很好地满足他人的自重感。根据镜像效应，当你让别人的自重感得到了满足之后，别人自然也会反过来认同你。

一个叫艾米的员工是公司老总的忠实粉丝，她曾经在会议室外面等了足足两个小时，只为了跟老总握一握手，感受老总的温度和力量。然而，结果却令她大失所望——老总只是象征性地碰了一下她的手，甚至没拿正眼看她一下。

艾米备受打击，从此发愤图强，成了公司副总裁。然而，跟其他高层的管理方式不同的是，艾米认真对待每一位员工，她甚至会亲自动手给下属泡茶，总是尽力使每一个员工感到自己有多么重要。

马云在分享管理经验时指出，无论员工的离职理由是什么，总结来说就是两个重点：钱没给到位，心里受委屈了。

心里之所以委屈，是因为员工不能实现自我，自重感低。

苏霍姆林斯基曾说过："每个人都渴望自己成为重要的人物，管理的成功就在于使每一个人都感受到自己很重要。"

对于一个管理者来说，留住优秀员工最直接的一点就是：让对方觉得自己很重要。

想让员工感觉自己很重要，其实并不难。管理者在与员工接触的时候有必要表现出对他的重视，一个肯定的眼神、一句贴心的赞美"你的工作很重要，有你负责我很放心"，都能让员工感觉到你的重视。

◇ 所谓领导力，就是能让下属言听计从

佛家有一种观点：修身的最终目的是完成自利利他，人人成佛。

信任就会被信任，怀疑就会被怀疑；给予就会被给予，剥夺就会被剥夺；爱就会被爱，恨就会被恨。人际关系就像深山里的回声，你给予赞美之词，就会收到赞美；你种下优良的种子，就会收获春天；你对别人怎样，别人也会以同样的态度对你。

这就是"互惠定律"的核心内容。

一、心甘情愿地被利用，才能利用别人。

在职场中，最受欢迎的是哪些人？毋庸置疑，当然是有利用价值的人，而且能够心甘情愿被他人利用。

这么简单而又直白的道理，很多人都不能理解或者不愿意接受这种赤裸裸的利益交换，遍寻"良药"，最后听的道理太多，把自己都搞糊涂了。

要知道，从招聘开始，老板就已在脑海中构思了他想要的是什么人，有价值是最基本的体现。所以，有价值的人才能走入他们的视野，就像买一个熨斗，它必须拥有熨烫衣服的基本功能。

当然，当老板非常现实地打求职者小心思的时候，求职者也在衡量老板的实力，看是否能够利用他们实现自己的人生理想——不管是求财还是求名利。所以，招聘是一个双向选择的过程。

之所以出现满大街都是找工作的求职者以及经常招聘人才的企业这一现象，归根结底还是满腹才华无用处，导致互相看不上眼。

如果管理者想要利用员工实现自己的目标，必须有能够等价交换的东西，否则他人凭什么心甘情愿地被你利用呢？

比如，集团分公司竞聘经理，你把手中关键的选票投给了某个同事，他获得了一个不错的岗位，薪水、职位上都有了很大的提升，他就会在"感恩簿"上写下你的名字，下次等你需要他帮忙时，他也会乐意效劳。

一个员工在工作中出现解决不了的问题，你能审时度势地给他提供工作思路，整合相应的资源帮他渡过难关，下次你有什么需要他帮忙的，他也会慷慨相助。

在这个"互相利用"的过程中，每个人都实现了人生价值的升华，这才是真正的职场生态环境的"能量守恒"。

二、没有永远的朋友，只有永远的利益。

虽然这是信息爆炸的时代，我们能够从不同渠道获取信息，但是总有一些人信息闭塞，看不清职场的真相，幼稚地认为在职场中既能把工作做好，又能结交到一些好朋友。

他们想当然地在工作场合与同事眉来眼去，私底下更是相约吃喝玩乐。而这种关系就像建在砂砾上的"大厦模型"，一旦有风吹草动，立马会受到冲击而塌掉。最后，朋友没有做成，反而成了敌人——就像受了伤的流浪狗独自舔舐伤口，埋怨世风日下、人心不古。

不可否认，在职场中也是需要人情投资的。然而，此人情投资并不是一顿饭、一杯酒就能解决，那些只是表现形式，最主要的是酒桌背后的资源置换，实现彼此利益的最大化。

同样是参加一个饭局，跟你关系不错的朋友在酒桌上遇到了一位出版商，很快出了人生的第一本书，实现了自由职业的梦想，出版商也赚得盆满钵满。而你既没有作品，又没有实力，只好做个饭局陪跑人，可能下一次的聚会你再也没有机会参加了。

之后，你朋友和出版商之间的感情升温，打开了人生的一扇大门。如果你一直提供不了能进行等价交换的资源，可能就会成为炮灰，甚至连埋怨的借口都找不到。

共享单车行业兴起之际，各个大佬们打得你死我活，砸钱、挖人，各种营销手段层出不穷，一心只想出人头地。然而，当市场出现低谷时，他们也毫不犹豫地谈合作、抱团取暖、优势互补，一起度过严冬。

成全别人，就是让对方成为更好的人，而不是成为酒肉朋友在人生的低处徘徊。

三、爱是克制，保持适度的严肃感。

作为领路人，老板必须保持适度的严肃感，以理智的态度对待日常经营——该整合资源的时候整合资源，该提问题的关键时刻一定不要手软。

某公司每一季度的总结大会，会场都会布置得一丝不苟，全体参会人员被要求西装革履，做足了形式上的仪式感。报告也是经过几轮审核与修改，提出的问题一针见血。

各部门主管做完报告只用了 10 分钟，却要接受 20 分钟的问答环节。参会人员挨个对他们进行"审问"，总结上一季度的不足，为下一季度的工作做足准备。

现场没有一个人会用祈求的目光寻求他人的"帮助"，因为大家都知道这是严肃的事情，对未来工作是有帮助的，也没有任何私人恩怨的成分在里面。

当大家团结一心地为了某个目的而努力时，就是一种最大的互惠。

通过个人魅力，带领团队走上新台阶的领导，才能增强团队的凝聚力，让他人积极主动地团结在自己身边。

商场无儿戏，想要在竞争激烈的社会中立足，必须清醒认识到互惠的潜规则，接触那些让自己变得更好的人；还要自我提升，让自己变得更受欢迎。

万物相形以生，众生互惠而成。通过互惠法则提升自己的影响力，在职场中做到"呼风唤雨"，让他人对你言听计从。